영적 발달과 심리치료

Counseling and Psychotherapy of Religious Clients

Counseling and Psychotherapy of Religious Clients

저자는 우리의 신앙은 생애의 과정을 따라 다섯 가지의 분명한 단계들을 거쳐 진화한다고 믿는다. 이 책은 각 단계들 안에서 사람들에게 나타나는 전형적인 심리적 특징들을 기술하고, 어린 시절의 경험들이 우리의 영적 진보에 결정적인 역할을 한다는 것을 강조한다. 신앙이 어떻게 부정적인 어린 시절의 경험들에 의해 나쁘게 물들게 되는지를 이해함으로써, 기독교상담가들은 그들의 내담자들의 문제와 필요에 반응하는 데 필요한 소양을 더 잘 갖추게 될 것이다.

비키 제니아 지음
김병오 옮김

영적 발달과 심리치료

도서출판 대서

영적 발달과 심리치료

copyright ⓒ 대서출판사 2010

Counseling and Psychotherapy of Religious Clients: A Developmental Approach
Originally published by Preager Publishers, an imprint of ABC-CLIO, LLC,
Santa Barbara, CA, USA.
Copyright ⓒ 1995 by Vicky Genia
Translated and printed by permission of ABC-CLIO, LLC,
All rights reserved.

This Korean Edition Copyright ⓒ 2010 by DaiSeo, Seoul, Republic of Korea.

This Translated and used by permission of ABC-CLIO, LLC,
through arrangement of rMaeng2, Seoul, Republic of Korea.

본 저작물의 한국어판 저작권은 알맹2를 통하여 ABC-CLIO, LLC와 독점 계약한
대서출판사에 있습니다. 저작권법에 의하여 한국 내에서 보호받는 저작물이므로
무단전재와 무단복제를 엄격히 금합니다.

서문

나는 항상 나 자신을 종교적인 사람이라고 여겼다. 나는 교회 예배에 신실하게 참석했고 여러 기도 모임과 성경 공부 그룹에도 자주 참여했다. 내가 정서적 위기를 경험하기 전까지 나는 나의 종교적 확신을 결코 의심하지 않았다. 그러나 잇단 실패는 나의 단순한 헌신의 허울뿐인 안전을 산산이 부수었다.

신뢰하는 목사에게 나의 의심들과 관심들을 드러내었을 때, 나는 나의 고통과 환멸이 신앙의 결핍 때문에 생긴 것이라는 이야기를 들었다. 나의 삶의 외상적 상실들과 실망들의 실재는 순간적인 평화를 위한 상투적인 처방들과 함께 그럴 듯하게 변명되었다. 나는 마치 하나님이 불필요한 문제들과 좌절들을 처리하기 위한 쓰레기 처리장(garbage disposal)으로 사용될 수 있는 것처럼 억지로 "나의 염려들을 주께 맡겼다."

나의 간청들이 정서적 안심을 제공하지 못했을 때 불

신앙에 대한 죄책감 때문에 나는 심지어 낙담하게 되었고 더 혼란스러워졌다. 나는 이 모든 것이 하나님이 나를 포기했든지 또는 나의 실패들과 의심들 때문에 나를 벌주었든지 어느 한쪽 때문이라고 확신했다. 마침내 나는 전문적인 심리적 도움을 구했다. 나의 우울증 밑에 숨어 있는 심리적 갈등을 해결하는데 수년이 걸렸다. 이런 과정을 거쳐 나의 신앙은 변형되었다.

나의 신앙의 문제들은 영적 위기들을 촉진시켰던 불행한 환경들보다는 상처 받은 어린 시절의 경험들과 더 관계가 있다는 것을, 치료받을 때의 나의 경험에서 배웠다. 나의 전문적인 훈련과 임상적 작업은, 한 개인의 종교적 경험은 그/녀의 심리적 구조(make-up)와 상당히 뒤얽혀 있다는 나의 초기의 발견을 확고히 해주었다. 신앙은 인생의 가장 초기의 경험들 안에서 형성되었던 심인적 자원들(psychic resources)에 의존한다. 우리가 어린아이로서 적절하게 양육될 때, 우리는 건강한 영적 가치관을 더 발전시킬 것이다.

나는 우리의 특별한 종교적 충성심에 관계 없이 우리의 신앙은 생애의 과정을 따라 다섯 가지의 분명한 단계들을 거쳐 진화한다고 믿는다. 그러나 어떤 사람들은 가장 초기의 단계들을 넘어서 진보하는 데 실패하고, 시대에 뒤떨어진 혹은 왜곡된 신념에 매달린다. 이 책은 각 단계들 안에서 사람들에게 나타나는 전형적인 심리적 특징들을 기술하고, 어린 시절의 경험들이 우리의 영적 진보에 결정적인 역할을 한다는 것을 강조한다.

　나는 신학적 관점보다는 오히려 심리적 관점에서 신앙의 주제에 접근한다. 종교적이고 문화적인 영향력의 중요성을 부정하지 않는 동시에, 삶을 긍정하는 종교는 건강한 심리적 가치관에 매우 부수적인 것임을 긍정한다. 영적으로 건강한 사람들과 건강하지 못한 사람들은 모든 신앙의 전통 안에서 발견된다.

　이 책의 목표는 전문적인 부양자들(caregivers)이 신앙의 건강하지 못한 혹은 파괴적인 형태들을 보이는 환자들과 내담자들에게 더 효과적으로 반응하도록 돕는 것이다. 특히 전통적인 정신건강 개업의들(practitioners)은 치료에서 종교적 문제들을 주의해서 듣는 것을 싫어한다. 이 책에서 제시되는 이론적 모델과 실천적인 제안들을 통해 심리학자들, 사회복지사들, 결혼과 가족 치료사들과 전문적인 상담자들이 적절하게 내담자의 종교적 영역에 들어가는 것에 자신을 가질 수 있기를 희망한다.

　이 책은 또한 목회상담가들, 사제들과 다른 종교적 전문가들에게도 적절하다. 나는 영적 치유를 증진시키기 위한 능력 있는 종교적 인도와 근면한 노력에도 불구하고 자신의 신앙에서 계속적으로 비틀거리는 교회의 회중에 대해 헌신적이고 동정심이 많은 목사들, 사제들과 랍비들이 당황하고 좌절하는 것을 보았다. 신앙이 어떻게 부정적인 어린 시절의 경험들에 의해 나쁘게 물들게 되는지를 이해함으로써,

종교적 전문가들은 그들의 내담자들과 교구민들의 문제와 필요에 반응하는 데 필요한 소양을 더 잘 갖추게 될 것이다.

나는 영적 문제들에 대해 영적 권위를 요구하지 않는다. 다만 정서적 치유를 통해 자신의 신앙이 변형되었던 사람들과 함께 했던 나의 작업에서부터 발전해 나온 생각과 통찰력을 다른 전문적인 부양자들과 공유하는 것이 나의 겸손한 소원이다. 영적 관심이 숨어 있는 심리적 갈등과 어떻게 연결될 수 있는가에 대한 이해는, 영적으로 헌신적인 사람들을 상담하는 사람들에게 도움이 될 것이다.

역자 서문

우리나라 속담에 "세 살 버릇 여든까지 간다"는 말이 있습니다. 저는 이 속담을 생각할 때마다 우리 선조들은 '다섯 살'이나 '여덟 살'이라고 하지 않고 왜 '세 살'이라고 했는가에 대해 궁금하게 생각했습니다. 그러나 대상관계론을 배우면서 비로소 그들이 '세 살'이라고 한 말이 정확하다는 것을 알게 되었습니다. 대상관계론적 관점에서 보면, 태어나는 순간부터 세 살까지 즉 전오디푸스기(pre-Odeipal period)에 형성된 성격은 그 사람의 인간됨(personhood)의 기초가 되어 남은 생애에 지대한 영향을 미칩니다. 아이는 세 살까지 부모(특히 어머니)와의 관계를 통해 형성된 부모표상(부모에 대한 감정적 이미지)을 통해 그/녀의 대상표상(대상에 대한 감정적 이미지)을 가지게 됩니다. 어린아이가 부모의 양육을 통해 형성된 대상관계는 아이가 부모를 벗어나 독립한 후에도 모든 대상관계의 기초와 뼈대를 이룹니다.

신앙인들에게 아주 중요한 하나님표상도 예외는 아닙니다. 우리가 신앙의 대상으로 삼고 있는 하나님에 대한 이미지도 그냥 하늘에서 뚝 떨어져 생긴 것이 아닙니다. 하나님의 계시라는 씨앗도 이미 형성된 우리의 마음의 밭에 떨어져 결실을 맺습니다. 어릴 때부터 형성된 옥토와 같은 좋은 성품을 가진 사람은 복음의 씨앗을 받아 남보다 백 배 혹은 육십 배 혹은 삼십 배의 결실을 맺을 수 있습니다. 따라서 좋은 신앙을 가지기 위해서도 좋은 부모를 통해 건강한 양육을 받을 필요가 있습니다.

우리는 교회 공동체 안에서 그리스도인들의 다양한 신앙양식들을 보게 됩니다. 그런데 신앙생활을 오랫동안 계속해온 사람들 중에 유독 변하지 않는 특이한 양상을 보이는 사람들도 많습니다. 그런 신앙인들 중에는 지나치게 자기중심적이거나 소원 지향적이거나 혹은 환상을 추구하는 사람들이 있습니다. 매일 하나님의 음성을 듣고 그 음성에 따라 산다고 자부하는 사람들도 있습니다. 물론 그들이 모두 잘못된 신앙을 가졌다고 단정할 수는 없습니다. 그러나 잘못된 신앙 태도를 가진 소수의 사람들의 생활양식은 많은 신앙인들의 삶을 오염시킬 수가 있습니다.

우리의 몸도 건강한 몸이 있고 병든 몸이 있듯이, 우리가 추구하는 신앙도 건강한 신앙이 있고 병든 신앙이 있습니다. 병든 사람이 자신을 건강하게 생각할 수 있는 것처럼 병든 신앙을 가진 신앙인이 자신의 믿음을 건강하다고 생각할 수 있습니다. 병든 신앙은 어디에서 왔을까요? 그것의 원인은 어릴 때 부모와의 대상관계에서 비롯되었습니다. 따라서 건강한 영적 발달을 통해 성숙한 신앙인이 되려면 어릴 때 부모와의 갈등에서 비롯된 정신적 외상(trauma)과 신경증적 불안, 등을 심리치료적 관점에서 분석하고 치료를 받을 필요가 있습니다.

이 책의 저자인 비키 제니아(Vicky Genia)는 신앙인들의 영적 성장의 과정을 5단계의 심리영적 발달들(psychospiritual developments)로 나누면서 각 단계들마다 독특한 병리현상이 무엇인가를 설명해주고 있습니다. 무엇보다 그녀는 종교심리학과 발달심리학과 대상관계론을 통합한 관점에서 우리 신앙인들이 가지는 병리현상의 원인과 그 심리치료적 대안을 사례들을 들어서 설명해주고 있습니다. 물론 그녀의 이론과 실제들이 우리에게 다 맞는 것은 아닙니다. 그러나 진실한 영성을 추구하기를 소원하는 그리스도인들은 이 책을 읽고 자신의 영적 발달에 대해 폭넓은 성찰을 가질 수 있습니다. 또한 이 책은 그리스도인들에게 지금의 신앙생활의 현주소를 알려주고, 앞으로 가져야할 성숙한 신앙인의 통합된 태도가 무엇임을 알려줍니다.

이 책은 많은 그리스도인들의 정신적 갈등과 신앙의 문제들을 상담하는 기독교상담가들에게 유익할 것입니다. 기독교상담가들은 상담 현장에서 많은 그리스도인들이 그들의 잘못된 신앙의 병리적인 태도가 함께 결부된, 개인과 가정의 문제들로 고통을 겪고 있는 것을 볼 수 있습니다. 이 책은 통해 목회상담가들 혹은 기독교상담가들은 내담자들의 영적 갈등을 잘 해결해 주면서 그들의 다른 고통의 문제들을 치유해줄 수 있는 분별력을 얻을 수 있을 것입니다. 무엇보다 영적 지도(spiritual direction)와 대상관계적 심리치료의 통합을 모색하는 분들은 현대의 심리학적 통찰력이 그리스도인의 영적 형성(spiritual formation)에 기여할 수 있다는 점을 발견할 수 있을 것입니다.

이 책에서 저자는 종교라는 말을 유대교, 기독교, 이슬람교와 같은 초월적인 신(Deity)을 믿는 종교에 한정해서 사용하고 있습니다. 저자가 자란 삶의 토양이 기독교 전통과 문화이기 때문에 이 책에서 사용하는 종교라는 말은 기독교라고 보아도 무방할 것입니다. 보수적인 신앙인들을 위해 지나치게 진보적인 내용들은 삭제했고, 특히 이슬람 종교와 관련된 내용들도 삭제했음을 양해바랍니다. 이 책의 출판을 허락하신 도서출판 대서의 장대윤 대표님과 책을 아름답게 만들기 위해 수고하신 강인구 실장님께 감사를 드립니다.

2010년 8월 20일 방배동 연구실에서
역자 김병오 교수

차례

서문 • 005
역자서문 • 009

제1장 소개 • 017

제2장 신앙의 본질 • 025

제3장 신앙의 심리적 관점들 • 035

제4장 심리영적 발달 • 045

제5장 제1단계: 자기중심적 신앙 • 053

제6장 자기중심적 내담자의 심리치료 • 067
    능력의 문제들 • 070
    치료적 동맹 • 071
    자기 소멸적인 자기 중심적 사람 • 073
    자기애적 자기중심적 사람들 • 076
    망상적인 자기중심적 사람 • 081
    분노와 용서 • 084
    내적 치유를 위한 기도 • 089
    급격한 회심들 • 093

제7장 브라이언의 사례 • 095

제8장 제2단계 교리적 신앙 • 111
    영적 율법주의자 • 122
    영적 순교자 • 123
    영적 개혁운동가 • 127
    영적 지성인 • 129
    영적 은둔자 • 131
    자기중심적 신앙 대 교리적 신앙 • 133

제9장 교리적 내담자의 심리치료 • 137
    내담자와 치료사의 종교적 차이들 • 140
    회심의 노력들 • 141
    분노와 성 • 146
    죄책감과 자기용서 • 150
    분리와 개인적 책임감 • 154

제10장 제3단계: 과도기적 신앙 • 157

제11장 과도기의 내담자의 심리치료 • 165
  영적 정체성의 혼란 • 167
  헌신의 두려움 • 170
  심리영적 집단치료 • 174

제12장 앨리스의 사례 • 181

제13장 제4단계: 재구성된 신앙 • 193
  패티의 사례: 사랑의 하나님 • 199

제14장 제5단계: 초월적 신앙 • 209

  에필로그 • 237

chapter 01
소개

제1장
소개

> 종교의 학문적 연구는 거의 치료사의 훈련의 측면을 고려하지 않고, 그리고 심리학을 지향하는 교육의 전반적인 태도적 모형은 종교들에 대해 부정적인 태도를 기르는 경향이 있다.
> - 로버트 로빙그 『치료에서 종교적 과제들을 다루면서』

몇 가지 예외도 있지만 전통적인 정신분석학자들은 종교적 생활을 신경증적이며 자기기만적이라는 프로이드의 평가를 추종해 왔다. 그 결과 그들은 가끔 종교적 내담자들의 필요를 충족시키는 데 실패했다. 최근에 종교와 영성에 대한 관심이 부활하면서 세속적인 심리치료사들은 그들의 내담자들의 영적 가치에 더 동조하고 반응하도록 도전을 받는다.

전통적인 치료사들이 모든 종교적 사고를 환상적이라고 간주하는 경향이 있는 반면에, 종교적 전문가들은 가끔 무질서한 종교성의 심리적 의미를 평가하는 데 실패한다. 모든 종교적 신앙의 전통적이며 목회적인 부양자들(caregivers)은 그들의 반대적 입장을 포기하고 치료적 노력에서 더 재능을 발휘할 때이다. 이 책은 영적으로 헌신한 개인들을 상담하는 모든 전문가의 의식을 향상시키려는 노력의 산물이다.

이 책의 주요한 전제는 초기에 부양자와의 발달적인 관계들이 개인의 영적 생활에 놀라운 영향력을 행사한다는 것이다. 이 발달적 경험들의 특질에 의존하기 때문에 성인들은 높게 진화된 영적 신념을 발달시키거나, 그렇지 않으면 초기 어린 시절의 마술적이며 환상적인 신앙을 넘어서 진보하는 데 실패할 수 있다. 이 책에서는 손상을 입은 종교적 신념이 초기의 심리적 외상(trauma)과 어떻게 연관이 있는가를 예증하는 사례 연구들이 제시될 것이다. 또한 내담자들이 그들의 영적 발달의 다양한 단계들에서 제시하는 특별한 치료적 과제들이 자상하게 설명될 것이다.

심리역동적 지향성(orientation)이 이 접근을 강조할지라도, 나의 작업은 또한 나의 대학원 훈련에서 비롯된 강한 인본주의적이며 실존적인 공격성의 특징을 가지고 있다. 정신분석적 독자들은 나의 임상적 유형이 엄격한 치료적 중립성에서 이탈하고 있다는 것을 주목할 것이다. 나는 인간 대 인간의 만남 안에서 펼쳐지는 "진정한" 결속이 전이 분석(transference analysis)보다는 치료에서 더 강력한 치료적 효과가 있는 요인이라고 믿는다. 어떤 경우에 공감적이며 순수한 치료사와의 양육적인 관계는 내담자가 신성한 것(the sacred)과의 결속에서 적극적인 변형들을 돕는 추진력으로 이바지한다.

영적 생활은 매우 복합적이고 주관적이며, 깊은 개인적 현상이기 때문에 그것은 쉽게 과학적 탐구의 대상이 되지 못한다. 현대의 양적 연구 방법들도 신성한 것의 개인적 경험의 넓이와 깊이를 파악하지 못한다. 그러므로 나는 사례 연구들과 임상적 관찰에 심하게 의존한다. 사례 연구 접근의 한계들에도 불구하고, 시그문트 프로이드와 윌리암 제임스를 포함한 많은 이론가는 종교적 체험의 심리학은 영적으로 주의 깊은 개인들의 인생사의 심층 분석을 통해 가장 잘 조명된다고 주장했다.

나의 작업의 일반적인 특징은 서구의 영적 사고를 반영한다는 것을 강조하고 싶다. 동양의 종교적 전통 안에서 자란 개인들의 심리영적 발달은 서구의 신앙에 노출된 사람들과 상당히 다를 수 있다.

마지막으로 개념적인 혼돈을 피하기 위해 몇 가지 주요한 용어들을 분명하게 할 필요가 있다. 이 책의 목적을 위해서 "세속적인 심리치료"는 전통적이고 주류적인 심리학의 이론적·공식적 규정에서 유래된 이론적 접근들과 관련이 있다. "세속적 심리치료사들"은 전통적인 심리학을 지향하는 프로그램 안에서 훈련을 받고, 정서적 곤란을 치료함에 있어서 심리역동적인, 내담자 중심적이며 행동적인 개입들을 사용한다. 전통적이며 세속적인 심리치료의 이론과 실제는, 종교적 가치들에 대해 공개적으로 적대적이 아닌 때에도 대부분의 경우 영적 차원을 배제하여 왔다. 인본주의적이며 실존적인 패러다임들(paradigms)은 윤리적이며 영적인 가치들과 조화를 이루는 치료적 가정들을 알고 있을지라도, 인본주의적인 심리치료사들은 전통적인 종교적 신앙들에 대해 동정적일 수 없다.

세속적인 심리치료와 대조적으로 "종교적 상담"은 특별한 종교적 전통의 규범들 위에 기초를 두고 있다. 종교적 상담자들은 그들의 내담자들이 공유하고 있는 이론적 구조에 의해 정의된 건강한 정서적·종교적 기능을 얻도록 돕는다. 세속적인 치료사들이 통상 그들의 개인적인 영적 신념을 내담자들에게 노출하지 않는 반면에, 종교적 상담자들과 치료사들은 특별한 종교적 세계관을 활발하게 장려한다.

"종교적"이고 "영적"이라는 용어는 초월적이거나 혹은 신성한 것을 지향하는 많은 사람이 조직된 종교에 가입하고 있지 않다는 인식에서 같은 뜻으로 사용될 것이다. 이 토론은 개인과 그/녀의 초월적인 개념 사이의 개인적 드라마(drama)에 초점을 두고 있기 때문에 이 구별은 트집 잡힐 수 있는 것이 아니다.

이 책은 종교심리학에 관한 철저한 연구가 아니다. 그것은 개인적인 영적 생활과 그/녀의 발달적 역사 사이의 연결점을 이해하기 위한 실험적 모델(tentative model)을 제공하고, 심리영적 발달의 여러 단계에서 개인들의 심리적 치료를 위한 지침들을 제공한다.

  이 작업의 가치는 이론적이며 실제적인 의미에서 뿐만 아니라, 그것이 심리학과 종교 사이의 더 큰 통합에 공헌하는지, 혹은 그것이 전통적 정신 건강 개업의들과 종교적 전문가들 사이의 협력을 더 촉진시키는지에 따라 판단받을 것이다. 종교철학자이며 동시에 임상심리학자인 제임스 존스(James Jones) 박사는 심리학과 종교의 대화는 "그들의 삶의 부분으로서 종교와 심리학을 연구하는 사람들, 참여하지 않는 이론가들이 아닌 개업의들, 혹은 영적인 길을 따라 살려고 분투하며 심리적 연구와 치료의 실제적 실천에 몰입한 사람들, 혹은 그들의 이론이 실천하는 것에 기초를 두고 있는 사람들의 살아 있는 경험에서 생길 때" 그것은 더 열매를 맺는다고 주장했다.[1]

  이 책은 대개 심리학과 종교 간의 경계선에 두 다리를 걸치려는 나 자신의 노력의 결과물이다. 이 책이 이 주제에 대한 성찰과 탐구를 더 촉진시킨다면 나의 노력은 보상받을 것이다.

---

[1] James Jones, "Living on the Boundary Between Psychology and Religion," *Psychology of Religion Newsletter*, American Psychological Association Division 36 18(1933): 6.

chapter **02**

신앙의 본질

제2장
신앙의 본질

"신앙"(faith)이라는 말보다 더 오해들과 왜곡들과 의심스러운 정의들에 종속된 말은 거의 없다.
- 폴 틸리히 『신앙의 역동성』

신앙을 심리적 이론에 통합하려는 어떤 시도도 신앙의 본질에 관한 어떤 예비적 가정들과 함께 시작해야 한다. 이 주제의 포괄적인 분석은 이 책의 범위를 넘어선 것이다. 그러나 이에 대한 간략한 토론은 이어지는 장들에서 따라오는 내용에 독자들이 순응하도록 도울 것이다.

신앙은 초월적 힘에 반응하는 개인적인 방식을 가리킨다. 신성한 것을 느끼는 사람의 감각은 특별한 종교적 충성과 관련될 수도 있고 혹은 관련되지 않을 수도 있다. 종교는 많은 사람이 그들의 신앙을 키우고 표현하도록 돕지만, 종교적 신념 혹은 실천이 신앙 그 자체와 동일한 것은 아니다. 종교적으로 가입하지 않은 많은 개인도 궁극적인 실재에 닻을 내리고 더 높은 목적에 동조한다.

사랑, 자유와 평등과 같은 다른 추상적인 개념들도 마찬가지지만, 믿음의 간결한 정의를 제시하는 것보다 신앙이 아닌 것을 명료하게 표현하는 것이 더 쉽다. 그와 같은 복잡한 현상을 부정적인 것들의 더미로 축소시키려는 것이 나의 의도는 아닐지라도, 신앙이 아닌 것을 한정함으로써 우리는 내담자들의 영적 건강을 평가할 수 있는 소양을 더 갖출 수 있다.

첫째, 신앙은 확실성이 아니다(아마 이 명제가 다른 것들보다 더 중요할 것이다). 모든 종교적 전통의 사람들은 의심의 폭풍을 만난다. 경건한 사람이 시대에 뒤떨어지고 파괴적인 종교적 이념과 신념을 깨끗이 씻어 버리도록 도와줌으로써 회의는 그들의 신앙을 높이고 생기를 회복시키는 데 이바지한다.

둘째, 신앙은 주어진 일련의 진술에 대한 충성은 아니다. 영적 위기 동안 나는 "주님을 믿지" 못한 실패에 대해 충고를 받았다. 나의 정서적 고통은 "말씀(the Word)을 수용하는 것"과 "신앙을 가지는 것"에 관한 진부한 의견들로 그럴 듯하게 변명될 수 있었다. 그러나 사람은 신앙을 가지고(have) 있지 않다. 사람을 신앙을 산다(lives).

종교심리학에서 저명한 인물인 고든 올포트(Gorden Allport)는 본질적인(intrinsic) 종교적 동기부여와 외래적인

(extrinsic) 종교적 동기부여를 구별했다.[1] 외래적으로 동기부여를 받은 사람들은 종교를 자기 보존의 수단으로 사용한다. 그들은 인정을 받거나 혹은 도덕적으로 우월감을 느끼기 위해서 그들의 경건을 과시할 수 있다. 조사된 연구들은 본질적인 사람이 외래적인 사람보다 종교적 가입과 관계없이, 심리적으로 그리고 정서적으로 더 건강하다는 것을 견실하게 보여 준다. 이 연구들은 한 개인이 어떻게 믿는가가 그/녀가 무엇을 믿는가 하는 것보다 정서적 웰빙(well-being)에 더 중요하다는 것을 시사한다.

신앙은 감정이 아니라는 것을 강조하는 것이 또한 중요하다. 초월적 실재에 대한 신앙은 가끔 강렬한, 정서적이고 심지어 신비한 경험들을 생산할 수 있다. 20세기 초에 쓴 『종교적 경험의 다양성들』이라는 고전에서, 윌리암 제임스는 "정서는 논리가 납득하기 전에 확신시킨다"라고 진술했는데, 이것은 감정은 영성의 초석이라는 것을 뜻한다.[2] 정말로 그들의 종교적 이상에 본질적으로 헌신한 사람들은 경외와 봉헌의 감정을 경험한다. 그러나 신앙이 종교적 감정과 동일한 것은 아니다. 영적으로 성숙한 사람은 감정이 요동침에도 불구하고 그들의 확신 안에서 굳건하게 남아 있다.

---

1) Gordon Allport, "Behavioral Science, Religion, and Mental Health," *Journal of Religion and Health* 2 (1963): 187-197; Gordon Allport and J. Michael Ross, "Personal Religious Orientation and Prejudice," *Journal of Personality and Social Psychology* 5 (1967): 432-443.
2) William James, *The Varieties of Religious Experience* (New York: Penguin Books, 1985).

인간의 정서는 교묘하며 예견될 수 없다. 특히 강화된 영적 인식을 가지는 순간에 경험되는 것과 같은 특별히 강렬한 감정들, 낭만적인 흥분 혹은 미적인 쾌락은 상대적으로 강렬함을 오래 유지할 수 없다. 신비적 경험들은 기껏해야 단지 몇 시간 지속된다고 보고되고 있다. 영적 지도자들의 자서전은 그들의 감정의 요동치는 본질을 묘사한다. 가장 경건한 사람의 정서는 신비적 연합의 황홀한 기분과 포기와 절망의 압도적인 감정들 사이를 동요한다는 것을 발견하는 것은 드문 일이 아니다. 그러므로 단지 경외의 감정들이 영적 견고함을 유지하는 감각을 지원할 수는 없다.

통속적인 신념과는 대조적으로 신앙은 맹목적이지 않다. 그것은 어두움에서 급격한 조명(illumination)으로 건너뛰는 마술적 비약이 아니다. 영적으로 성숙한 사람은 그들의 내적 확신과 일치하는 스스로 선택한 신앙에 지식을 겸비한 헌신을 다한다.

우리는 특별한 종교적 충성이 어느 정도 직관적으로 흥미를 끌기 때문에 그것을 선택한다. 신앙발달에 대해 광범위하게 글을 쓴 제임스 파울러(James Flower)는 신앙-앎(faith-knowing)의 이 특성을 "확신의 논리"라고 불렀는데, 이것은 사물 혹은 사건이 단지 인지적 추론을 통해 알려지는 "이성적 확실성의 논리"와는 구별된다.[3] 믿음은 "바라는

---

[3] James Flower, *Stages of Faith: The Psychology of Human Development and the Quest for Meaning* (San Francisco: Harper & Row, 1981), 160.

것들의 실상이요 보이지 않는 것들의 증거"(히11:1)라는 성경적 정의도 또한 영적 확신의 초이성적 특성을 암시한다. 그러나 신앙이 인간의 논리를 대신한다는 것을 인정하는 것이 모든 종교적 사고가 환상적이거나 혹은 맹목적이라는 것을 뜻하지 않는다.

이 점을 분명하게 하기 위해서 신뢰가 어떻게 인간관계 안에서 고취되는지를 검토해 보자. 우리가 좋아하는 어떤 사람을 만날 때, 우리는 천천히 그리고 조심스럽게 더 깊은 차원의 친밀감으로 나아간다. 초기에 우리의 상호작용들은 피상적이다. 우리는 날씨 혹은 뉴스 사건들을 토론하고, 우리들에 관한 비위협적인 정보를 공유한다. 다른 사람이 따뜻함과 수용하는 마음을 가지고 응답한다면 관계가 깊어지면서 더 개인적인 정보를 드러낸다. 우리는 서로를 신뢰하는 것을 배우는 것만큼 결국 가깝고 친밀한 관계를 정립할 수 있다.

인간 상호간의 신뢰가 "맹목적인 사랑"에 기초하지 않고 서로에 관한 개인적인 정보를 공유하면서 발전하는 것처럼 더 높은 실재(higher reality)에 대한 신뢰는, 비록 불완전할지라도, 우리가 소유하고 있는 지식에 직접적으로 비례하여 자란다. 그러므로 진리를 위한 지적인 탐구는 성숙한 신앙의 중요한 측면이다.

마지막으로 신앙은 단념(resignation)이 아니다. 많은 종교적 단체는 그들의 구성원들이 더 높은 권위에 복종하도록 격려한다. 기독교 신학에서 "옛 자기"를 포기한 신자는 하나님의 은혜를 통해 "새로운 자기"로 중생하도록 약속되어 있다. 다른 종교적 전통들은 영혼을 정화하고 거룩한 신(the Divine)과 연합하기 위해 그들의 신자들이 세속적인 욕망들을 상실하도록 격려한다.

심리적으로 성장하기 위해 정서적으로 그리고 영적으로 우리는 사고와 행동의 덜 성숙하거나 혹은 건강하지 못한 방식들을 포기해야 한다. 이리하여 개인적인 중생은 자기의 덜 성숙한 부분들의 포기를 요구함으로써 더 성숙한 적응적인 새로운 자기가 나타나고 발전할 수 있다. 심지어 이전의 방식들이 비적응적이고 자기 파괴적일지라도 사고와 행동의 친밀한 방법들의 안전과 보호를 고수하는 것이 인간 본질이기 때문에, 더 큰 성숙을 향한 이 변화는 결코 쉽지 않다. 많은 사람은 그들의 에너지를 영적 이상을 향해 다시 집중함으로써 파괴적인 습관들과 행동적 방식들을 극복한다.

종교적 문학은 영적 "회심들"을 통해 일어난 극적인 개인적 변형들을 보여 주는 기사들로 가득 차 있다. 회복된 많은 알코올 중독자는 초월적인 힘을 신뢰함으로써 일어난 치료 효과들을 증언할 것이다. 그러나 익명의 알코올 중독자 모임의 12단계 프로그램은 참여자들을 더 높은 권능에 수동적으로 의존하라고 격려하지는 않는다. 그들의 회복에 헌신한 알코올 중독자들은 훈련되고 체계적인 방식으로 각

12단계들을 이행한다. 다른 말로 표현하면 알코올 중독자들은 그들의 삶에 더 큰 통제력을 얻기 위해 더 높은 권능에 복종한다. 포기와 의도된 노력이 상호 배타적이 아니라는 생각은 회심에 관한 논문의 다음의 각주에서 윌리엄 제임스에 의해 강조되었다.

> 스타벅(Starbuck)은 '자기 포기' 와 '자기 결단' 이 비록 처음에는 다른 경험들처럼 보일지라도 진정으로 똑같은 것이라고 말할 때, 그는 옳았다. 자기 포기는 옛 자기의 관점에서 변화를 보고, 자기 결단은 새로운 자기의 관점에서 그것을 본다.[4]

다른 말로 표현하면, 신성한 타자(divine Other)에의 의존은 의지의 비활동적 복종이 아니라 의지의 활동적 재설정(redirection)이다. 영적으로 주의 깊은 개인은 자기 책임성을 포기하지 않고, 의도적으로 그의 삶을 "너머에 계신 분"(the Beyond)과 조화를 이루려고 시도한다.[5]

신앙의 포괄적인 정의는 여기에서 설명되지 않았다. 나의 의도는 다른 영적 신념들을 가진 사람들에게 적절한 신앙에 관한 생각들을 제시하는 것이다. 피상적이고 불완전할지라도 이 근본적인 가정들은 이론을 만들기 위한 출발점을 제공한다.

---

4) James, *Varieties*, 214-215. Quoting Edwin Starbuck, *The Psychology of Religion* (New York: Scribner, 1899), 160.

5) Walter Houston Clark, *The Psychology of Religion* (New York: Macmillan, 1958), 254.

chapter 03

신앙의 심리적 관점들

제3장
신앙의 심리적 관점들

　인간 행동의 전통적인 심리적 이론들은 강한 종교적 확신을 가진 개인들을 무분별하게 병리적으로 취급했다. 특히 정신분석학을 지향하는 치료사들은 모든 종교적 혹은 영적 확신은 환상적이며 신경증적이라고 설득당하는 경향이 있다. 종교에 관한 프로이드의 사고에 강하게 영향을 받았기 때문에 많은 정신분석자는 하나님에의 의존은 어린 시절 의존의 유형에 뒤떨어진 연속이라고 믿는다.

　유아와 어린 자녀는 부모를 전능한 하나님과 같은 분으로 지각한다. 자녀들은 특히 그들이 보호와 지지를 위해 의존하는 아버지를 이상화하는 경향이 있다. 프로이드는 건강한 성인들은 어린 시절의 환상들을 포기할지라도 대부분의 사람은 그들을 보호하고 위로할 어떤 사람을 계속해서 고대한다고 주장했다. 그는 대리부(surrogate father)에 대한 이 보편적 필요성이 사람들을 종교로 이끄는 심리적 힘이라고 주장했다.

이리하여 정신분석적 관점에서 보면, 종교적 실천은 초기의 어린 시절의 신경증적 반복이다. 세계는 출생 순간부터 두렵고 예견될 수 없기 때문에 프로이드는 보호받고 안전하다는 것을 느끼기 위해 숭고한 아버지(exalted Father)를 창조했다고 이론화했다. 프로이드에 의하면 인간 계몽의 정점은 이 보편적 환상이 과학에 의해 추방될 때 성취될 것이다.

프로이드의 이론의 많은 부분이 행동주의적 심리학자들에게는 이단이라는 사실에도 불구하고, 많은 사람은 프로이드의 종교적 생활의 부정적 평가를 공유한다. 종교와 영성에 대한 반감은 인간 행동을 결정함에 있어서 인지의 중요성을 강조하는 행동주의자 학파의 하위 그룹인 인지적-행동주의적 심리학자들 사이에 특히 만연하다. 심리적 역기능을 어린 시절 외상과 연관시키는 정신분석학을 지향하는 치료사들과는 대조적으로, 인지적-행동주의자들은 정서적 문제들을 왜곡된 사고방식에 연관시킨다.

인지적-행동주의적 심리학은 부정적 정서와 인간관계의 문제는 우리가 우리 자신 혹은 우리의 세계에 관해 가지고 있는 비합리적 신념에서 유래된 것이라고 제안한다. 예를 들면 다른 사람을 결코 불쾌하게 해서는 안 된다는 신념을 통해 우리는 인간관계의 상호작용에서 비주장적이고 지나치게 고분고분한 태도를 취하게 될 것이다. 이 불합리한 신념들 중에 어떤 것들은 우리의 삶 속에서 부모 혹은 다른 주요한 사람들에 의해 가르쳐지고 전달되었다. 그리고 다른 신념들은 사회적이고 문화적인 규범과 대중 매체의 영향력을 통해 동화된 것이다.

합리적-정서적 요법의 창시자인 알버트 엘리스(Albert Ellis)의 반종교적 편견을 따라서, 인지적인 것을 지향하는 많은 심리치료사들은 모든 종교적 신념은 불합리적이며 덜 성숙한 것이라고 가정한다. 엘리스와 그의 추종자들에게 무신론은 최적의 정서적 건강과 웰빙에 이르는 유일한 길이다.[1]

마지막으로 인본주의적-실존주의적 심리학은 "제3의 힘"(third force)을 제시한다. 인본주의적이고 실존주의적인 패러다임들이 여러 학파로 정면으로 가라질지라도, 두 가지 설득의 이론가들은 행동주의적이고 정신분석적인 동료들이 결정주의적이며 환원주의적이라고 충고한다. 더 전통적인 모델 안에서 훈련을 받은 사람들과는 대조적으로, 인본주의적이고 실존주의적인 심리치료사들은 인간 행동의 많은 부분을 자기 결정적이며 의식적으로 통제된 것으로 본다. 그들은 개인들이 내적 추진력에 의해 성장과 성숙을 향해 전진한다고 여긴다.

표면적으로 인본주의적 혹은 실존주의적인 심리학적

---

1) Albert Ellis, "Psychotherapy and Atheistic Values: A Response to A. E. Bergin's 'Psychotherapy and Religious Values,'" *Journal of Counseling and Clinical Psychology* 48 (1980): 635-639.

지향성은 정신분석학적이거나 또는 행동주의적 관점보다 종교적 혹은 영적 가치들과 더 일치하는 것처럼 보인다. 인본주의적-실존주의적 패러다임(paradigm)은 심리학의 더 느슨하게 조직된 체계이기 때문에 그것은 영적 신념의 일관성 있는 이론이 결핍되어 있다. 그러나 도덕성, 자유와 책임감, 고립과 친밀감과 존재적 무의미와 같은 실존적인 초점을 가진 치료의 중심적인 문제들은 모든 주요한 종교의 관심들과 유사하다.

그럼에도 불구하고 인본주의자들은 초월적인 것을 단지 더 높은 차원의 의식으로 간주하는 경향이 있다. 연구 조사에 의하면 많은 인본주의적 심리학자는 종교에 가입하지 않고 초자연적인 힘을 믿지 않는다. 결과적으로 인본주의적이고 실존주의적인 개업의들(practitioners)은 전통적으로 종교적인 내담자들에 대해 정신분석학적이거나 혹은 행동주의를 지향하는 치료사들만큼 비동정적일 수 있다.

이 간략한 요약이 우리의 심리학적 전통의 넓이와 복잡성에 대해 정당하게 평가를 내렸다고 볼 수 없다. 더구나 어느 개업의도 단지 한 가지 특별한 이론적 지향성에만 전적으로 의존하지는 않는다. 대부분의 임상의(clinicians)는 다양한 방법에 숙련되어 있고 내담자의 필요에 맞추어 그들의 접근을 다양화한다. 대부분의 독자도 이 이론들에 익숙한 것 같다. 독자들을 종교에 관한 그들의 감정과 태도에 더 파장을 맞추도록 격려하기 위해 그 이론들은 요약된 형식으로 제시되었다.

전통적인 심리학적 서비스들(services)은 그들의 신념과 가치가 손상되거나 혹은 조롱받는 것을 두려워하는 신앙이 깊은 종교인들에 의해 덜 이용되고 있다. 신앙을 병리적으로 취급하는 경향은 임상의들(clinicians)이 심리병리학과 탈선한 종교성 사이의 높은 상관관계를 관찰할 수 있는 충분한 기회를 가진다는 사실에서 생긴다. 이 관찰로부터 이론가들은 종교가 정신질환의 원인이라고 잘못 가정한다. 그러나 현대의 종교심리학자들은 개인의 영적 건강을 결정하는 것이 심인적 조직(psychic organization)의 본질이라는 것을 믿는다. 왜곡된 종교적 기능은 개인 신자들 안에 있는 병리적 경향의 외부적 표출이다.

종교적 표현의 어떤 유형들은 명백하게 건강하지 못하고, 그리고 그것들의 병리적 본질은 심지어 무심결에 관찰한 사람들에게서 분명하게 보인다. 메시야라고 주장하는 망상 장애를 앓고 있는 사람과 하나님으로부터 온 음성이 그에게 범죄행위를 저지르라고 명령한다고 믿는 사람이 그 실례들이다. 왜곡된 종교 신앙의 덜 극단적인 실례들은 그들의 불완전과 정상적인 인간 정서에 대해 스스로 호되게 책망하는, 정서적으로 억압된 독단적인 개인들에게서 묘사된다.

어떤 종교적 단체들이 다른 단체들보다 더 건강한 태도를 증진시킬 수 있다는 것을 부정하지 않는다면, 종교 그

자체가 개인의 환각 혹은 망상에 책임을 져야 한다고 가정할 수 없다. 영적 확신이 종교적 망상을 야기하지 않는 것은 정치적 충성심이 보통 사람들을 스스로 유명한 정치적 인물이라고 지각하는 마음을 야기하지 않는 것과 같다. 오히려 정서적으로 불안정한 사람들이 종교적 혹은 정치적인 언어로 그들의 어지러운 상태를 무의식적으로 표현한다. 망상적인 개인의 발달사에 의존하고 있기 때문에 그/녀는 종교적 구세주 혹은 유명한 정치적 지도자의 정체성을 가진 체한다. 어느 경우에나 정신증적 사고는 종교적 혹은 정치적 가입에서 생긴 것이 아니라 정신 질환의 결과로 생긴 것이다.

의심할 나위 없이 어떤 종교적 공동체들은 다른 공동체들보다 더 건강하다. 어떤 경우에 정서적인 어지러운 상태는 가혹한 혹은 탈선한 종교적 교리주입(indoctrination)에 의해 악화될 수 있다. 그럼에도 불구하고 정서적으로 불안정한 사람들은 그들이 정서적 외상을 재연할 수 있는 파괴적인 종교적 공동체에 가끔 이끌린다.

종교적 신앙의 심리학적 선전적 견해(tendentious view)는 종교를 "인류의 보편적 강박적 신경증"이라고 여긴 프로이드의 고발에 뿌리를 두고 있다.[2] 그러나 프로이드는 그의 이론들을 정서적으로 혼란스러운 사람들의 관찰과 분석으로부터 공식화했다는 것을 마음에 새기는 것이 중요하다.

---

2) Sigmund Freud, *The Future of an Illusion* (New York: Doubleday, 1927), 77-78.

그러므로 종교에 관한 그의 생각들은 그가 종교성의 건강하지 못한 형태들에 몰입한 결과에 의해 심각하게 영향을 받았다. 모든 종교적 신앙이 신경증적이라는 프로이드의 결론은 종교성을 발달적 과정으로 인정하지 못하고, 영적 표현의 성숙한 형태들과 덜 진보된 형태들을 구별하지 못한 그의 실패의 결과에서 나온 것이다.

전통적인 심리학계 내의 종교에 대한 대화가 공통점이 없는 경향이 있음에도 불구하고, 자기 목소리를 내는 소수는 힘차게 종교적 고정관념들에 도전해 왔다. 윌리암 제임스, 칼 융, 고든 올포트와 에리히 프롬과 같은 주목할 인물들에 의해 고취되었기 때문에, 종교심리학자들은 종교가 성격 발달과 정신 건강에 어떻게 연관되어 있는가에 대한 더 세련된 이해를 제공하기 위해 수고해 왔다.

이 작업으로부터 모여진 가장 중요한 통찰력은 아마 신앙은 단순히 한 가지 차원적 특성이 아니라 높고 복잡한 다방면의 현상이라는 사실일 것이다. 영적으로 헌신적인 어떤 사람들은 건강하지 못한 방식으로 종교를 사용할지라도, 또 다른 사람들은 자신에게 생기를 불어 넣고 자신을 지탱시켜 주는 신앙을 발전시킨다. 본질적인 영적 동기부여와 외래적인 영적 동기부여의 올포트의 구별은 이미 언급되었다. 영적 표현의 성숙한 양식들과 미숙한 양식들을 구별하는 사람들은 방어적, 권위주의적 종교적 가치관과 더 건강한, 더 융통성이 있는 인도주의적 영적 태도를 대조시켰던 신프로이드학파의 정신분석학자인 프롬,[3] 그리고 "건강한 마음의"(healthy minded) 신자들과 "병든 영혼들"(sick souls)을 구별했던 제임스를 포함한다.[4]

심리적으로 건강한 영적 태도들을 종교성의 신경증적이고 자기 기만적인 형태들로부터 구별하는 이들의 초기의 노력은 종교적 확신이 필수적으로 불길한 징조라는 가정에 도전했다. 그러나 종교적 내담자들과 함께 효과적으로 작업하기 위해서 어떤 중요한 질문들은 설명될 필요가 있다.

왜 어떤 사람들은 영적 가치관에서 권위주의적이고 다른 사람들은 인도주의적인가? 왜 영적으로 헌신적인 어떤 사람들은 본질적으로 동기부여가 되어 있고 다른 사람들은 외래적으로 동기부여가 되는가? 이 질문들에 답하기 위한 출발점은 발달심리학의 개념들을 우리의 종교적 심리이론들에 동화시키는 것이다.

---

3) Erich Fromm, *Psychoanalysis and Religion* (New Haven, Conn.: Yale University Press, 1950).
4) William James, *The Varieties of Religious Experience* (New York: Penguin Books, 1985)

chapter 04

심리영적 발달

제4장
심리영적발달

어린아이들이 종교적 가르침에 노출되면 그들의 신앙은 순수성의 나이를 특징짓는 정상적인 자기도취에 의해 지배를 받는다. 그들은 하나님께 특별한 은혜를 간청하고 보상 혹은 처벌의 기대에 따라 옳은 것과 잘못된 것을 구별한다. 마술적 사고, 환상과 위로를 구하는 것이 어린 신자들의 종교적 표현 안에 널리 퍼진다.

어린이들의 하나님에 대한 이미지는 부모와 주요한 타자들과의 관계로부터 형성된다. 그러므로 학대받는 어린이들은 하나님을 무섭고 무자비한 분으로 여기는 것 같다. 역으로 적당하게 양육받고 인정받은 어린이들은 하나님을 사랑이 많고 동정적인 분으로 지각할 것이다. 어린 신자들의 마음속에서 하나님은 부모의 연장이다.

추상적으로 생각하거나 혹은 논리적 추론을 사용할 수 있는 능력이 없기 때문에 어린아이들은 종교적 이야기들,

비유들과 신화들이 문자적으로 사실이라고 가정한다. 그들이 예배에 참석한다면 특이한 광경들과 소리들이 그들을 놀라게 하거나 혹은 호기심을 일으킬 수 있다. 경험을 상징화할 수 있을 때까지 어린 신자들은 종교적 의례들을 모방하며, 그 실천의 영적 의미를 별로 이해하지 못하고 공식적인 기도들을 암송한다. 어린아이들은 자신이 우주의 중심에 있다는 환상을 품고 있기 때문에 그들은 부모의 관심을 완전히 사로잡았던 이상한 타자(Other)와 융합을 느낄 수 있다.

어린이들이 자기중심적이라는 것을 관찰하는 것은 그들이 의도적으로 이기적이거나 혹은 둔감하다는 것을 의미하지 않는다. 대조적으로 건강한 어린아이들은 다른 사람들에게 많은 애정과 관심을 보인다. 자기중심적이라는 것은 다른 사람들에 대한 지각이 아이의 필요와 소원의 지배 아래에 있다는 것을 의미한다.

어린아이들에게는 정상적일지라도 성인 시절의 자기중심적 신앙은 발달적 이탈(aberration)이다. 모든 종교적 개인이 영적으로 자기중심적이라는 것이 사실이라면, 종교를 환상적이고 미숙한 것이라고 보는 프로이드의 평가는 옳을 것이다. 그러나 프로이드의 분석은 두 가지 점에서 도전받을 수 있다. 첫째, 신앙의 이러한 왜곡은 보편적이지 않다. 종교적으로 헌신적인 많은 성인은 더 진보된 신앙의 형태들을 보여 준다.

둘째, 성인의 자기중심적 신앙에 대한 프로이드의 심

리학적 분석은 결함이 있다. 프로이드는 하나님에 대한 신앙이 우리가 부모로부터 받은 보호와 양육을 포기하려는 보편적 무능력에 뿌리를 두고 있다고 믿었다. 이리하여 위협적인 세계에서 그들의 무기력을 직면하면서 어릴 때 경험한 안전감을 다시 획득하기를 갈망하는 어른들이 거룩한 부양자를 창조한다는 것이다.

프로이드 사고의 결함은 적절한 부모의 양육이 아이가 성장한 후에도 오랫동안 보호에 대한 갈망을 영속시킨다는 그의 가정에 있다. 그러나 현대의 심리적 이론은 정반대가 사실이라고 주장한다. 성인 시절에 보호에 대한 갈망을 계속 추구하는 사람은 바로 충분한 양육이 결핍된 아이들이다. 아이의 초기의 환경이 안전하지 않으면 그/녀는 불안전하고 방어할 수 없는 상태로 성장할 것이고, 위로와 보호를 위해 종교에 귀의할 것이다.

반대로 적당하게 안정되고 위로를 주는 가족 안에서 자라난 아이들은 자신과 다른 사람들에게 기본적인 신뢰감을 발전시킨다. 긍정적인 세계와 연대감을 경험한 어른들은 대리적 보호자를 억지로 추구할 필요를 느끼지 않는다. 어린 시절의 필요를 넘어 성장했기 때문에 건강한 성인들의 영적 생활은 더 성숙한 형태로 변형된다.

이 책의 지침은 심리적 발달의 다양한 변화는 개인의 영적 생활에 심각한 영향력을 끼친다는 것이다. 신앙의 발달적 유형을 제시하며 나아가기 전에 인간 발달은 결코 완성될 수 없는 인생 전반의 과정이라는 것을 나는 강조하고 싶다. 성숙의 종점은 심지어 가장 영적으로 타고난 사람도 단지 접근만 할 수 있는 개념적 이상이다. 더욱이 발달은 항상 직선적으로 부드럽게 진보할 수 없다. 우리가 위기를 경험하거나 혹은 우리의 필요들의 연장된 좌절을 경험할 때, 우리는 극복 초기의 덜 성숙한 방식으로 퇴행할 수 있다. 게다가 어떤 사람들은 급격한 성장의 꼭대기들 사이를 가로지르는 긴 넓은 고원지대에서 빠르게 성숙해진다.

특이한 변이들과 개인적 차이들에도 불구하고 심리영적 발달은 일반적으로 다섯 가지의 뚜렷한 단계를 따라 진보하는 것 같다. 이상적인 조건들 아래 한 사람의 신앙은 초기의 어린 시절의 자기중심성에서 성인 시절의 성숙한 영적 헌신으로 진보한다. 그러나 정서적 갈등은 신앙의 건강하지 못하고 파괴적인 형태를 가져올 발달적 이탈을 유발할 수 있다. 초기의 단계들을 넘어서 진보할 수 없는 어른들은 더 높은 단계들에서 잘 기능하는 사람들보다 더 심각한 심리적 외상을 경험한 것 같다.

다섯 단계를 각각 깊이 있게 설명하기 전에 선행되는 발달적 단계들에 대한 간략한 요약은 독자들에게 방향을 제시하는 데 도움을 줄 것이다.[1]

---

[1] See Vicky Genia, "Religious Development: Synthesis and Reformulation," *Journal of Religion and Health* 29 (1990): 85-99.

제1단계: 자기중심적 신앙. 제1단계 안에 있는 사람들은 자신을 전능한 타자와 마술적으로 동일시하거나 혹은 그들을 벌주거나 포기하는 것을 기뻐하는 가학적인 하나님을 달래려고 시도한다. 마술적 사고, 간청 기도와 위로 추구는 종교적으로 자기중심적인 사람들의 종교적 표현 안에 배어 있다. 이러한 사람들은 아주 불안정하고, 그들의 정서적 외상을 재연하기 위해 종교적인 활동 장소를 사용한다.

제2단계: 교리적 신앙. 종교적으로 교리적인 사람은 하나님의 사랑과 인정을 얻기 위한 방향으로 움직인다. 다른 사람들과 하나님을 실망시키는 것을 몹시 두려워하면서 그들은 종교적 규약에 순응하는 데 강박적이다. 이 사람들은 성적이며 분노하는 감정에 관해 지나치게 죄책감을 느끼며, 그것을 부정하거나 억압하려고 시도한다. 가혹한 초자아와 강박적인 양심으로 인해 그들은 엄격하고 정서적으로 억압되어 있다. 이 사람들의 종교성은 자기 부정, 권위에의 복종 그리고 다양성과 모호함에 대해 아량이 없다는 특징을 가지고 있다.

제3단계: 과도기적 신앙. 종교적 과도기에 있는 사람들은 이전에 가졌던 신념을 비판적으로 검토하고 영적 가치와 이상을 재규정하기 시작한다. 그들은 개인적인 양심에 더 의존하면서 교리의 압정을 포기한다. 그들의 마음에서 나타나는 이상과 일치하는, 스스로 선택한 신앙에 닻을 내리기까지 이 단계의 사람들은 영적으로 근거를 잃고 혼돈스러움을 느낀다. 그들의 종교적 표현은 가입한 교단을 바꾸거나 다양한 신앙을 실험하는 것을 포함한다.

제4단계: 재구성된 신앙. 제4단계의 사람들은 의미, 목적과 영적 성취를 제공하는 자기가 선택한 신앙에 헌신한다. 그들의 종교적 실천은 건설적이고 내재화된 도덕과 이상에 의해 인도받는다. 그들이 종교적 다양성에 대해 너그럽다 할지라도, 모호함을 해결하려는 설명되지 않는 필요들로 인해 이 사람들은 영적 불확실성에 명확한 해답들을 제시하는 종교적 공동체에 이끌릴 수 있다. 그들의 이념적 견고함이 새로운 영적 통찰에 스며들지 않는다면, 그들의 신앙은 더 진보적인 변형을 겪지 않을 것이다.

제5단계: 초월적 신앙. 이 수준의 영적 진보에 도달한 사람은 드물다. 선함과 진리에 대한 비이기적 헌신을 통해 이 특이한 개인들은 모든 신앙의 사람과 하나님과 함께 공동체 의식을 경험할 수 있다. 그들은 열정적으로 보편적 이상에 동조하고, 자신과 인류 안에 있는 가장 높은 가능성을 성취하려고 노력한다.

chapter **05**

제1단계:
자기중심적 신앙

제5장
제1단계: 자기중심적 신앙

제1단계에서 종교는 두려움과 위로를 위한 필요에 뿌리를 내리고 있다. 성인의 자기중심적 신앙은 초기의 심리적 외상과 연관된 정서적 불안을 암시한다. 어린 시절의 학대 혹은 심각한 무시의 결과로서, 자기중심적 성인들은 다른 사람들 혹은 하나님과 안정된, 신뢰할 수 있고 긍정적인 결속을 형성할 수 없다.

안정된 대상관계의 능력은 생명의 초기의 3년 동안 정립된다. 이 전오디푸스기(pre-Odeipal period) 동안 유아를 먹이고 양육하고 돌보는 엄마 혹은 최초의 부양자는 쾌락과 만족의 수반되는 감정들을 연상시킨다. 그러나 어느 누구도 유아의 필요를 항상 고대하거나 혹은 직관적으로 알 수 없기 때문에, 그리고 유아와 매우 어린 아이들은 육체적이고 정서적인 불안을 별로 참지 못하기 때문에, 엄마는 어린아이에게 부정적인 감정들을 연상시킨다.

원자아(이드)의 충동과 쾌락 원리의 지배 아래 유아들은 고통과 곤경을 주는 사람을 파괴하고 싶어 한다. 그러나 그들은 생존을 위해서 부양자를 전적으로 의존한다. 그러므로 그들은 부양자를 두 개의 분리된 이미지로 정신적으로 "분할"(splitting)하는데, 하나는 아이가 이상화하는 "모든 좋은" 만족시켜 주는 부모를 표상하고, 다른 하나는 아이가 미워하는 "모든 나쁜" 좌절시키는 부모를 표상함으로써, 공생적 애착을 무의식적으로 보존한다.

다른 말로 표현해서 매우 어린 아이들은 부모를 가끔 그를 즐겁게 하거나 가끔 그를 짜증나게 하는 똑같은 사람으로 지각하지 못한다. 대신에 아이는 정신적으로 부모와의 즐겁고 불쾌한 상호작용들을 분리된 관계들로 경험한다. 이것은 아이가 부모와 관계의 만족스러운 부분이 그의 미워하는 감정에 의해 오염되는 것을 방지할 수 있도록 한다. 개인의 발달의 과정은 생명의 처음 몇 년 동안 정립되기 때문에 매우 어린 시절의 분할은 부모와 아이의 결속을 보존하고 강화하기 위한 자연의 대비(provision)이다.

충분히 만족시켜 주는 부모의 모형(matrix) 안에서 아이는 엄마에게 견고한 애착을 발전시키고 안전과 보호를 느낀다. 조화를 이루는 엄마에 정착한 채 어린아이는 엄마의 분리된 이미지들을 긍정적이며 신뢰할 수 있는, 그러나 때로는 그들을 좌절시키는 어떤 사람의 안정된 개념(표상)으로 점점 통합한다. 아이가 성장함에 따라 부모와의 정서적으로 만족스러운 관계는 자기와 다른 사람들에 대한 긍정적이고 통합적인 감각을 형성하는 데 기여한다.

좌절시키는 경험들이 빈번하고 강렬할 때, 아이는 모순된 이미지들을 통합하는 데 실패한다. 그 대신 학대받은 아이들은 그들을 학대하는 사람들(abusers)을 지나치게 이상화한다. 우리가 기대할 수 있는 것과 대조적으로 학대받거나 혹은 심하게 무시당한 아이들은 학대하는 부모 혹은 뜻대로 되지 않는 부모에게 훨씬 더 집요하게 매달린다. 심지어 가장 지독한 부모도 어떤 적극적인 긍정을 제공하기 때문에 이 역동성은 부분적으로 일어난다. 애정에 굶주린 아이들은 그들이 지지받고 사랑받을 수 있는 매우 드문 순간들을 끊임없이 희망한다.

부가해서 아이들은 보호받고 안전하다는 것을 느끼기 위해 부모를 선량하고 신뢰할 수 있는 분으로 여기고 싶어한다. 유아들과 어린아이들은 한 쌍의 부모와 아이라는 관계의 렌즈(lens)을 통해 세상을 판단하기 때문에, 부모의 죄를 인정하는 것은 둔감한 우주의 소름이 끼치는 환상들(visions)을 불러일으킨다. 어린아이들은 이 결정적인 발달적 시기의 초기 분열에 동반되는 압도적인 절망과 가망 없음을 직면하기보다는, 오히려 학대받는 것에 대해 자신을 비난한다. 부모의 잘못을 부정함으로써 아이는 무기력의 압도적인 감정을 관리하고 부모가 선하다는 환상을 보존한다.

경멸적인 부양자의 이상화된 이미지를 기억함으로써

희생당한 아이는 또한 폐지 혹은 유기에 대한 그의 두려움을 달랜다. 학대받은 아이들은 핍박하는 사람들을 향해 엄청난 격분을 쌓아 두고 있다. 그러나 유아들과 어린아이들은 소원과 행동을 구별하지 못한다. 결과적으로 학대받은 아이는 그의 증오스러운 생각이 부양자에게 실제적인 육체적 손상을 입힐 것이고, 그로 인해 그 자신의 생존을 위태롭게 할 것이라고 믿는다. 아이가 주장이 많거나 까다로울 때마다 부모가 사랑을 철회하거나 혹은 보복한다면 유기(desertion) 혹은 폐지의 두려움은 악화된다.

심각하게 학대받은 아이들은 자신의 고통을 진정시키기 위해 해리장애 혹은 망상장애를 발전시킨다. 극단적인 심리적 곤경을 겪은 사람들은 공생단계를 수반하는 전능을 재경험하기를 갈망한다. 어떤 사람은 모든 것이 가능하다고 느끼는 환상적 세계를 창조함으로써 고통을 극복한다. 다른 사람들은 불가시적이거나 혹은 자신을 소멸시킴으로써 스스로 보존하는 것을 배운다. 또 다른 사람들은 자기 중요성의 과장된 감각을 배양해서 스스로 남이 정복할 수 없는 사람이라고 느낀다. 그들의 발달적 자기(developing self)가 가장 연약하고 취약할 때 압도적인 실망을 겪는 모든 아이는 반응을 보이는 다른 사람들에게 무의식적으로 권리를 주장한다. 그 결과 그들은 다른 사람들에게 확신과 긍정을 위한 자신의 탐욕스러운 필요들을 채울 것을 요구하는 속임수를 쓰는 구차스러운 어른이 된다.

불행히도 정서적 좌절을 달래기 위해 이상화(idealization)와 다른 원시적 방어에 대한 지나친 의존은 자신과 다른 사람의 통합된 개념을 형성함에 있어서 결함을 초래한다. 전능함을 느낄 필요가 있는 어른들은 사람들이 인간적 한계를 가지고 있다는 것을 수용할 수 없다. 대신에 다른 사람들에 대한 그들의 반응은 이상화된 애착과 거울 반응(mirroring)을 위한 그들의 거역할 수 없는 필요의 지배를 받는다. 깊은 내적 공허에 의해 고문을 당하고 있기 때문에, 부적절하게 사랑받고 양육된 사람들은 절대적으로 확실하게 그들의 필요에 동조할 완전한 부모를 냉혹할 정도로 찾는다. 그들은 특별한 취급을 받을 자격이 있다고 느끼면서 다른 사람들이 그들을 주목하거나 혹은 그들의 진가를 알아주지 못할 때 격노한다. 그들을 실망시킨 사람들은 그들을 학대하고 굴욕을 느끼게 했던 부모의 화신(embodiment)이 된다.

우리의 자기 이미지는 부분적으로 대인 관계를 통해 형성되기 때문에 완벽한 부모 대리자들과 강박적으로 융합하려는 사람들은 굳건한 정체성을 발전시키지 못하고, 그들 자신의 감정을 다른 사람들의 감정에서 분리하는 데 어려움을 겪는다. 그들의 매우 잘못된 소란스러운 관계들과 연결된, 그들과 다른 사람들의 뚜렷한 경계선들을 유지할 수 없는 무능력으로 인해, 그들은 파편화된 감정을 느끼고 그들의 통제를 넘어선 운명의 힘의 처분대로 살게 된다.[1]

어린아이들의 초기의 애착이 불안정하고 유린당할 때, 이 방식은 어른의 종교적 실천과 하나님과의 관계로 그대로 옮겨진다.2) 제1단계의 사람들이 구원과 위로를 위해 종교에 의지할지라도 하나님과의 관계는 부모와의 외상적 관계의 재연이 된다.

종교적으로 자기중심적인 사람은 극단적으로 자기도취적 손상에 취약하기 때문에, 작은 좌절과 실망으로 인해 그들은 하나님을 의도적으로 그리고 부당하게 그들에게 벌을 내리는 악의 있는 능력으로 경험할 수 있다. 하나님에 의해 희생당한다는 감정은 최초의 부양자와의 가학-자학적 관계의 재연이다. 부모의 격노와 가학적 행패의 희생자였던 종교적 개인들은 하나님 또한 그들에게 굴욕을 느끼게 하고 고통을 가하는 것을 기뻐한다고 가정한다. 자기중심적 연민은 또한 반응적인 타자에게 권리를 주장하고 싶은 감정을 반영한다.

곤경을 당하는 시간 동안 어린 시절의 실망의 정당한 몫보다 더 많은 것을 받은 개인들은 하나님도 그들을 속이

---

1) 계속적인 토론을 위한 주요한 자료들은 다음과 같다: Gertrude Blanck and Rubin Blanck, *Ego Psychology: Theory and Practice* (New York: Columbia University Press, 1977); Otto Kernberg, *Borderline Conditions and Pathological Narcissism* (New York: Jason Aronson, 1985); and Margaret Mahler, Fred Pine, and Anni Bergman, *The Psychological Birth of the Human Infant* (New York: Basic Books, 1975).
2) Robert Lovinger, *Working with Religious Issues in Therapy* (New York: Jason Aronson, 1984); Ana-Maria Rizutto, *The Birth of the Living God* (Chicago: University of Chicago Press, 1979); Moshe Spero, ed., *Psychotherapy of the Religious Patient* (Springfield, Il.: Charles C. Thomas, 1985)

고 있다는 감정을 날카롭게 인식하고 있다. 정말로 그들은 태어날 때 사랑받고 보호받을 권리를 박탈당했다. 그러나 이러한 사람들은 그들의 분노에 찬 비난들이 더욱 (아이가 감히 불평했을 때 학대하는 부모에게 발생하는 것과 같은) 하나님의 보복을 부추길 것을 두려워한다. 하나님의 선함을 회복하려는 실질적인 노력이 없다면, 결과적으로 그들과 하나님 사이에 영속적인 적대감이 있을 것이다.

자기중심적인 사람들은 자신은 사랑받을 수 없고 행복을 느낄 가치가 없다고 스스로 확신함으로써 선의 보편적 원천에 대한 신앙을 보유할 수 있다. 그들의 나쁨(badness)을 수용함으로써 그들은 사랑이 여전히 가능하다는 것을 희망한다. 이 방어적 조치는 그들의 유동적인 자아 경계선들에 의해 조장된다. 하나님에 대한 자기중심적인 사람의 실망은 그/녀에 대한 하나님의 실망으로 쉽게 변형된다. 그/녀의 절망은 그/녀가 삶의 방식들을 교정한다면 하나님의 은혜는 다가올 것이라고 믿음으로써 극복된다.

자기중심적인 사람은 역경에 대한 비난을 자신이 떠맡음으로써 하나님과 과오가 있는 부모에게 무죄를 선언하는 가운데, 자기 멸시를 중심으로 그들의 성격을 조직한다. 혼돈스러운 가정에서 자란 사람들이 강박적이고 정서적으로 변덕스러운 경향이 있다는 사실은, 나쁜 상태에 대한 그들의 고발에 진실성을 주는 데 이바지한다. 수용받기 위해 완전해지려는 노력은 그들의 종교적 준수에 중심이 된다.

하나님을 즐겁게 하기를 희망하면서 종교적으로 자기중심적인 사람은, 양심이 예민한 종교적 실천을 통해 그들의 거칠고 요동치는 감정을 통제하려고 시도할 수 있다. 종교적 교리에의 순응은 또한 파편화와 무기력의 압도적인 감정을 진정시킬 수 있을 것이다.

초기의 박탈의 증거는 또한 제1단계에서 기도의 역동성과 도덕적 추론에 널리 퍼져 있다. 정상적으로 기도하는 자기중심적인 사람은 특별한 호의를 얻기 위해 그렇게 한다. 더 풍부한 삶을 위해 약간의 희망을 품은 사람은 기도를 역경과 곤경에 대비한 예방책으로 사용할 것이다. 개인적 고려를 위해 하나님께 간청하는 노력이 좋은 대상을 신뢰하려는 내적 기질을 암시하는 반면에, 탄원적 기도의 지배력은 또한 초기의 발달에서 심하게 손상을 받은 사람들을 특징짓는 마술적인 사고와 지속적인 곤경을 반영한다.

이 단계에서 초자아 발달의 결핍은 자기중심적인 사람의 도덕적 추론에서 가장 분명하게 드러난다. 일관성 있는 가치관을 내재화할 수 있는 기회를 잃었기 때문에, 제1단계의 사람들은 보상 혹은 처벌의 기대에 의해 옳음 혹은 그름을 판단한다.[3] 고백은 비록 그것을 실천할지라도 거룩

---

3) 나는 나의 제안된 단계들과 콜버그의 발달적 단계들의 유사한 현상들을 지적했다. 콜버그의 도덕적 단계들의 설명을 위해 다음을 보라: Lawrence Kohlberg, *The Psychology of Moral Development* (San Francisco: Harper & Row, 1984); and Nathaniel Lande and Afton Slade, *Stages: Understanding How You Make Your Moral Decisions* (San Francisco: Harper & Row, 1979).

한 처벌을 피하기 위해 사용된다. 자기중심적인 사람의 나쁨의 인정이 책임감의 현실적인 감정 혹은 잘못에 대한 내적 감각에서 나온 것이 아니라는 사실을 강조하는 것은 중요하다. 오히려 자기 증오의 감정은 하나님이 무자비하며 인간의 필요에 둔감하다는 믿음에 우선할 수 있다.

자기중심적인 사람이 이상화된 애착 대상(attachments)에 쉽게 융합된다는 사실에도 불구하고, 그들은 일반적으로 근원적인 자기 감각을 보유하고 있다. 그들은 하나님과 다른 사람들이 삶의 주도권의 독립된 중심을 가지고 있다는 것을 안다. 그러나 어떤 사람은 심리적 뿌리를 잃고 그들 자신을 거룩한 분의 화신이라고 상상한다. 하나님과의 이 망상적, 마술적 동일시는 자기와 타자 사이의 경계선들의 총체적 붕괴를 가리킨다. 최고의 존재와 하나가 된 의식은 엄마와 아이의 공생적 연합을 그대로 모사한 것이다. 다른 사람들은 강력하고 카리스마가 넘치는 종교적 지도자들과 융합함으로써 공생의 조건을 회복하기를 구한다.

또 다른 심각하게 퇴행된 자기중심적인 사람들은 그들이 악마적 힘에 의해 조종받고 있다고 상상한다.[4] 이 개인들은 악마적인 영들과 환상적인 전투를 수행함으로써 그들의 어린 시절의 박해자들과의 적대적인 관계를 재연한다. 그들의 가족의 드라마(drama)를 우주적 평면에 투사하고 악마에

---

4) Robert Lovinger, "Religious Imagery in the Psychotherapy of a Borderline Patient," in *Psychotherapy of the Religious Patient*, ed. M. Spero, 181-207.

게 나쁨을 귀속시킴으로써, 망상적 자기중심적인 사람은 부모에 의해 그들에게 가해졌던 무의식적 학대를 부정한다.

나는 초자연적 힘을 반대하는 신념이 본질적으로 병리적인 증상으로서 해석되어서는 안 된다는 것을 강조하고 싶다. 마귀에 대한 하나님의 궁극적인 승리의 신뢰는 유대-기독교와 이슬람교의 전통에서 중심적인 사상이다. 더구나 신비적 경험과 초월적 만남이 필연적으로 심리적 불안의 증상은 아니다. 하나님과 하나가 되는 감정이 건강한 자기 초월 혹은 공생에의 퇴행을 암시할지 혹은 안 할지는 개인의 발달적 역사와 심리사회적 기능의 최근 수준의 관점에서 결정되어야 한다.

신자에 대해 고의로 해로운 의도를 가지고 행동하는 변덕스럽고 위협적인 페르조나들(personas)로서 묘사된 초자연적인 힘에 대한 몰입은 초기의 학대를 암시한다. 그들의 통제를 넘어선 사건들에 의해 아이로서 희생을 당했기 때문에 제1단계에 있는 사람들은 학대당할 것을 기대한다. 따라서 종교적 실천에서 그들은 그들에게 굴욕을 주는 것을 기뻐하는 가학적 하나님의 분노를 진정시키려고 시도한다. 하나님을 달래면서 그들은 사랑과 위로를 얻기를 희망한다.

이 책의 토론을 통해 우리는 종교적으로 자기중심적인 사람을 비판하고 판단하려는 유혹을 추방해야 한다. 다른 사람과 하나님을 필요를 만족시키는 대상으로 여기는 사람은 고의적인 이기심 혹은 무감각에서 그렇게 하는 것이 아니고, 유아기와 어린 시절 초기에서 비롯된 심각한 박탈과 학대 때문에 그렇게 한다. 자기중심적인 사람은 그의 삶에서 가장 의미 있는 사람, 부모에 의해 반복적으로 배반을 당해왔다. 그는 학대를 가했던 부모에 분노할 뿐만 아니라, 또한 그를 보호할 수 없었던 비학대적인 부모에게도 분노한다. 학대하는 부모가 아버지라면 그를 보호하지 못한 어머니에 대한 격노는 초기의 결속의 경험을 오염시킨다.

자기중심적 어른들의 곤경은 우리의 가장 깊은 동정과 이해를 고무시킨다. 하나님에게 위로받고 싶은, 단일한 애착에 대한 그들의 열망에도 불구하고, 그들의 깊은 불신과 내적 격노 때문에 그들은 하나님의 효력(availability)과 선함을 경험할 수 없다. 제1단계에서 개인은 무의식적으로 하나님을 그들을 대하는 데 실패했던 부모로 바꾸어 놓고, 그 다음 그 투사된 무자비한 이미지 앞에서 무서워 떨고 있다.

요약하면 제1단계의 사람들은 초기의 발달에서 심하게 정서적으로 손상을 입었다. 그 결과 그들의 신앙은 유치하고 자기중심적이다. 아마 그들은 그들의 심리적 외상의 영향을 고칠 수 있는 강력한 심리치료를 받지 않고는 영적으로 성숙할 수 없을 것이다.

chapter **06**

자기중심적 내담자의 심리치료

제6장
자기중심적 내담자의 심리치료

그들의 가족 기원의 황폐하고 동요된 심리적 분위기의 증거는 제1단계의 사람들의 영적 표현에 퍼져 있다. 자기중심적 사람은 다음의 많은 특징을 보인다:

- 미신적이고 마술적인 사고를 보인다.
- 이상한 기분의 동요를 가지고 있다.
- 버림 당함을 두려워한다.
- 부끄러움 혹은 무가치를 느낀다.
- 위로와 정서적 안도감을 위해 종교를 추구한다.
- 좌절을 받아들이지 못하고 충동이 지배적이다.
- 하나님을 필요를 만족시켜 주는 대상으로 여긴다.
- 자기와 타자의 지각에서 급격한 변화를 보인다.
- 세상을 위험하고 위협적인 곳으로 본다.
- 보복하고 불관용적인 하나님을 달래는 데 영적 실천의 중심을 둔다.

- 힘, 위대함과 완벽함에 대해 터무니없는 상상을 한다.
- 종교적 이념의 병적 측면을 선택적으로 주의해서 듣는다.

능력의 문제들

가정의 불안정과 정서적 박탈의 가족사 때문에 자기중심적 사람들은 불안, 우울증, 성격장애, 중독과 강박증, 자살 경향, 충동성과 빈곤한 대인 관계 등을 포함한 넓은 범위의 정신 건강 문제들에 있어서 취약하다. 그들의 영적 관심은 어린 시절의 외상과 일반적인 정서적 불균형에서 벗어날 수 없다. 영적으로 자기중심적 사람은 우울증, 불안 혹은 격노의 감정을 기꺼이 인정할 수 없다. 대신에 그들은 종교적 언어를 통해 이 고통스러운 정서를 상징화하고 영적 위기 속에 있는 것처럼 보인다.

그러나 제1단계의 사람에게 있어서 신앙의 문제들은 그들의 핵심적인 심리적 갈등들과 해결할 수 없을 정도로 뒤엉켜 있다. 그들의 영적 관심을 액면 그대로 받아들이지만 숨겨진 병리를 설명하지 못하는 종교적 상담자들은 내담자의 가치관에 의미심장한 개선을 증진시킬 수 없다. 다른 한편으로 모든 종교적 신념을 손상시키고 혼란된 종교성이 건강한 영적 노력과 공존한다는 것을 인정하지 못하는 세속적 치료사들은, 내담자의 경험을 평가절하하고 정서적 치유를 위한 가치 있는 자원을 간과한다.

자기중심적인 영적 지향성을 가진 사람들을 상담하는

종교적 전문가들과 정신건강 전문가들은 숨겨진 외상을 개념화하기 위해서 발달심리학과 정신병리학을 충분히 숙달해야 한다. 분석적 평가와 심리적 개입의 능력은 제1단계의 사람들을 치료하기 위한 필요조건이다. 공감적이고 양육적인 상담자 혹은 종교적 공동체와의 결속이 자기중심적 사람을 만족시키고 일시적으로나마 회복시킬 수 있다고 할지라도, 정서적 지지는 단지 과도한 이상화(overidealization)와 의존성을 키우고 분할(splitting)을 강화한다. 더욱이 그들의 대인 관계는 무의식적 왜곡과 투사에 의해 오염되어 있다. 점진적인 신앙의 변형을 위해 필요한 정서적 치유는 내담자의 정신 과정들의 넓고 강력한 검증을 요구한다.

치료적 동맹

안전하고 수용적이며 일관된 치료적 분위기는 제1단계의 사람을 치료하는 데 가장 필수적이다. 단지 지지적 환경이 영원한 변화를 생산하기에 불충분할지라도, 비판단적인 치료사와의 관계는 탐색 작업을 위한 기초를 제공한다. 자기중심적 내담자와 강한 치료적 동맹(therapeutic alliance)을 정립하는 것은 쉬운 과업이 아닌 만큼 많은 인내와 용기를 요구한다. 자기중심적 사람은 가장 주요한 관계에서 배신을 경험했기 때문에 다른 사람을 신뢰하는 능력이 심각하게 손상되어 있다. 이 내담자들은 자신이 잘못된 취급을 당할 것이라는 생각에서 치료사의 믿음직함과 성실성을 거듭해서 검증한다.

치료사의 침착함은 제1단계의 사람들의 정서적 빈곤, 교묘한 속임수와 불안정에 의해 심각하게 도전받는다. 공생적 애착을 추구하는 내담자는 처음에 치료사를 이상화하고 달래려고 할 것이다. 그러나 아주 작은 실망을 느껴도 이 내담자들은 적대적이고 비협조적이 될 것이다. 그들은 퉁명스럽게 침묵함으로써 간접적으로 분노를 표현할 수 있다. 치료사는 자기 노출을 적절히 하고 싶은 그/녀의 필요를 존중하면서도 억제된 내담자에게 상담이 임박하다는 것을 부드럽게 상기시켜 주어야 한다.

자기중심적 사람들의 정서적 상태의 급격한 변화는 내담자를 향한 치료사의 감정에 지나친 염려에서 적대감에 이르는, 보충하려는 동요를 불러일으킨다. 치료사는 계속적으로 그/녀의 의도적 반응을 감시해야 하고, 내담자를 앙갚음하거나 또는 지나치게 방임해서는 안 된다. 치료사는 위협하거나 정서적으로 거리를 두지 않고 내담자의 격노(rage)를 수용하는 것이 중요하다. 공격적인 충동의 고요한 수용은 그/녀의 감정이 근본적으로 나쁘지 않고 파국적인 결과를 필연적으로 초래하지 않을 것이라는 것을 내담자에게 전달한다. 그럼에도 불구하고 전문가들은 내담자들로부터 받는 정서적 학대를 너그럽게 여길 필요가 없으며, 그들과 분명한 한계를 설정해야 한다. 내담자로 하여금 행동하기보다는 고요히 검증하도록 격려함으로써, 그/녀의 파괴적인 감정들은 정서적 통합과 대상항상성의 발달을 증진시키는 것을 돕는다.

자기 소멸적인(self-effacing) 자기 중심적 사람

자기 소멸적인 자기중심적 사람은 변덕스럽고 신뢰할 수 없는 하나님의 수중에 자신이 있다는 것을 경험한다. 신학적으로 빈틈없는 제1단계의 개인들은 괴상하고 두려움을 고취하는 하나님에 대한 그들의 견해를 성경구절을 통해 지지하는 데 아주 능숙하다. 그들은 내적 경험에 공명을 주는 특별한 성경 본문들에 선택적으로 유의하기 때문에, 그들이 사용하는 종교적 관용구는 그들의 정신적이고 정서적인 기능에 관해 중요한 단서를 제공한다.

그들의 핵심적 갈등을 표현하기 위해 자기중심적 사람에 의해 사용된 신학적 언어는 종교적 전통에 따라 변할 것이다. 예를 들면 성적인 갈등을 가진 유대인들 혹은 모슬렘들은 정결 의식을 행함에 있어서 지나치게 세심할 수 있다. 대조적으로 개신교 내담자의 성적 죄책감은 용서받을 수 없는 죄를 범한 두려움을 통해 무의식적으로 전달될 수 있다. 가톨릭 내담자들은 고백과 참회를 통해 개선되지 않는 원죄의식을 경험할 수 있다.

치료사들은 죄에 대한 내담자의 신념이 심리적 장애를 암시한다고 자동적으로 가정해서는 안 된다. 인간의 오류와 하나님의 은혜 혹은 계약을 통한 완전성(wholeness)의 욕구는 서구의 신앙 전통의 기초를 이루고 있다. 자기중심적 사람들은 고백 혹은 속죄 의식에 의해 누그러지지 않고 냉혹하게 스며드는 부끄러움의 정체성에 의해 성숙한 신자들과 구별된다.

자기 소멸적인 내담자들의 종교적 이미지는 또한 그들의 애착의 불안정한 본질을 반영한다. 그들의 매우 양면적인 감정은 상반되는 속성을 가진 두 개의 신성한 인물로 분할된다. 학대하는 부양자들에 대한 두려움과 미움 그리고 굴욕을 당한 자기는 절대적인 악을 가진 초자연적인 존재로 외부로 투사되며 악마로 변신한다. 이상적인 부모는 신적인 존재가 되면서 정결한 하나님 표상 속에 최고의 광휘를 내뿜는다.

자기중심적 사람의 파편화의 두려움은 또한 종교적 표현으로 나타난다. 묵시적 이미지에의 몰입은 내담자가 그의 내적 혼돈과 초라하게 규제된 공격성을 우주적 차원에 투사했다는 것을 암시한다. 신약성경의 요한계시록에 있는 격변의 사건과 임박한 세계 파괴의 생생한 묘사는 크리스천 내담자의 공생적 결속의 균열과 파멸의 두려움을 의인화한 것이다(personify). 유대교의 내담자들에게 구약성경의 종교 전쟁의 무시무시한 기사들은 무의식적 공포를 표현한 것이다.

요약하면 형성된 경험들은 자기 소멸적인 신자를 안과 밖으로 위협당하도록 내버려 두는 두려운 종교적 이야기들과 신화들과 일체가 된다.

종교적 치료사들은 인간의 필요에 쉽게 접근하여 반응을 보이는, 하나님의 뜻을 전하는 성경구절들을 인용함으로써 내담자를 안심시키려는 유혹을 받을 수 있다. 다른 한편으로 비종교적 치료사들은 내담자에게 하나님은 환상이라고 믿도록 부추김으로써 그를 신성하게 고통을 주시는 분(divine tormentor)으로부터 해방시키려고 노력할 수 있다. 두 개의 접근 방법은 내담자의 경험을 사소하게 취급한다. 자기중심적 내담자들은 자애롭거나 사랑이 많은 하나님(deity)을 개념적으로 표현할 수 있는 심리적 목록(repertoire)을 별로 가지고 있지 않다. 그들의 병든 종교성은 원인이 아니고 심리적 외상의 결과이기 때문에 종교적 신념을 없애는 것이 심리적 고통에 대한 치유는 아니다.

직접적인 종교적 가르침은, 만약 그것이 미숙하게 소개된다면, 인지적 부조화의 고통스러운 상태를 창조할 것이다. 내담자는 마치 치료사가 그/녀의 내적 경험과 일치하지 않는 실재 개념을 강요하는 것처럼 느낄 것이다. 분노하는 하나님에 대한 믿음은 자기중심적 사람의 정서적 감정에 깊이 뿌리를 내리고 있다. 더구나 비난하는 부양자들에 의해 어린 시절부터 무의식적으로 주입된 무가치의 감정으로 인해 내담자는 하나님의 사랑을 수용할 수 없다. 인간에 대한 하나님의 선함의 신학적 증거가 자기를 비하하는 신자의 상처 받은 영혼을 고치는 것이 아니라, 오히려 그를 자기 경멸과 절망 속에 피신하도록 만든다. 자기중심적 사람이 사랑은 우주 어디에서나 얻을 수 있다는 것에 설득당할 수 있다면, 그는 사랑받을 수 없기 때문에 그것을 얻지 못한다는 것을 똑같이 확신할 수 있을 것이다. 깊은 정서적 상처의 치유는 자기 긍정의 신앙이 번창하기 전에 필수적이다. 이 어려운 과업을 성취하기 위해 내담자의 신뢰는 일관성이 있고 신뢰할 수 있는 치료적 관계를 통해 부드럽게 양성되어야 한다.

나는 종교적 가르침이 초기 단계에서 효과적이지 않을 것 같은 이유만으로 그것을 치료에 사용하는 것이 결코 적절하지 않다는 것을 암시하려는 것이 아니다. 치료 과정의 나중의 단계에서 이 접근에 수용적인 내담자들에게 이루어지는 적절한 영적 가르침의 현명한 사용은 심리적 작업을 높이고 진전시킬 수 있다. 그러나 탐색 작업은 내담자의 신학을 재규정하려는 직접적인 시도보다 먼저 일어나야 한다.

자기애적 자기중심적 사람들

"자기애적 자기중심적 사람"이라는 말의 묘사는 같은 말이 되풀이되어 사용된 것 같다. 그러나 이 말은 동의어가 아니다. 자기중심적 사람은 그들의 필요와 불안전에 의해 내몰리는 사람들이지, 필연적으로 이기주의적인 사람은 아니다. 자기애적으로 종교적인 사람은 자기 중요성의 확대된 감각의 특징을 가지고 있는 자기중심적 단계에 있는 사람의 하위 그룹을 구성한다. 표면상으로 그들은 고요하고 자신감에 차 있고 자기 확신적이다. 무가치해서 사랑받을 수 없다는 그들의 숨겨진 감정은 두꺼운 층으로 구성된 과대성(grandiosity)에 의해 은폐되어 있다.

자기가 과대한(self-inflated) 종교적 내담자는 그/녀가 특별한 봉사를 위해 하나님에 의해 "부르심을 받았거나" 혹은 하나님의 독특한 사역을 위해 "선택되었다고" 확신한다. 그러나 그/녀는 진정으로 종교적 봉사에 헌신하는 영적 지도자들을 특징짓는 자기 훈련, 도덕적 활력, 다른 사람에 대한 깊은 동정심이 결핍되어 있다. 자기애적 종교인은 하나님을 위한 봉사보다 자기를 높이기 위해서 종교적 권위가 있는 자리를 추구한다. 그들의 영적 생활은 인정과 추종을 위한 그들의 과장된 필요를 충족시킨다.

자기를 소멸시키는 자기중심적 사람의 전형적으로 혼돈스럽고 심하게 무시당한 양육(parenting)과는 대조적으로, 자기애적 유형의 개인의 역사는 그들이 제멋대로 하도록 내버림을 당하고 지나치게 그들의 응석이 받아들여졌다는 것을 드러낸다. 그러나 지나치게 방임한 부모는 아이를 분리된 사람이 아니라 그들 자신의 연장으로 여겼다. 이 부모들은 자신의 실패와 부적절함을 보상하기 위해 특이한 아이를 필요로 했다. 그들의 야망을 아이에게 전이하는 과정에서 부모는 아이의 독특성과 개인성을 질식시켰다.

자기애적 성격을 발전시킨 아이들은 부양자의 매우 높은 기대를 반영하지 못한 것에 대해 수축되었고 비난을 받았다. 그 결과 정서적 결속은 삼킴을 당하고 굴욕을 당하는 것을 연상시킨다. 그들은 자신의 인간적 한계와 약함으로 인해 사랑받을 수 없고 쓸모가 없다고 배웠다. 아이가 특별한 재능을 가지고 있다면, 그의 자발성과 개인성은 억제되고 부모가 호의를 보이는 자질만을 배양할 수 있다. 재능을 덜 타고 난 아이들은 자존감을 유지하기 위해 환상적인 확대된 자기(illusory aggrandized self)로 후퇴할 수 있다. 결국 어느 경우에나 아이는 "거짓 자기"와 자신을 동일시하게 되고, 그의 위대한 야망을 실현할 수 없을 때 참을 수 없는 부끄러움을 경험한다.

버림당함을 두려워하는 자기를 소멸시키는 유형과는 다르게, 자기애적 개인들의 큰 두려움은 감정이 상하기 쉽다는 것이다. 그는 의존을 정체성의 상실과 연관시키기 때문에 자기애적 유형은 과대자기와 지나치게 동일시하면서 강박적으로 자기 의존적인 사람이 된다. 그는 안정된 애착을 형성하지 못하고 자기 중요성의 과장된 감정을 강화시켜 주지 않는 사람들로부터 그의 정서적 에너지를 급격하게 철회한다.

종교적 지도자는 추종자들에게 찬양을 받기 때문에 어떤 자기애적 성격은 종교에 자연히 끌리게 된다. 하나님에 의해 부르심을 받았다고 주장하면서 자기애적 영적 지도자들은 은밀히 자신을 신격화하고 자신의 영광을 조장한다. 무의식적으로 하나님을 그의 과대자기에 흡수하고 자신의 전능함에 의존한다. 긍정과 찬양을 위한 그의 탐욕스러운 필요와 연결된 하나님과의 동일시를 통해, 그는 추종자들의 확고한 헌신을 받을 자격이 있다고 느낀다.

자기 향상(self-enhancement)을 위해 종교를 사용하는 사람들은 자신과 다른 사람들과 하나님으로부터 소외되어 있다. 영적 자양분(nourishment)과 인간적 관계가 없다면 그들은 굶주린 채 고갈된다. 그러나 자기애적 성격은 정상적인 인간적 열망을 위해서 굴욕과 저주를 기대하기 때문에 그들은 갑옷과 같은 과대성(grandiosity)에 필사적으로 매달린다.

자기애적 종교인은 심각한 역행(setbacks)이 찬탄받는 자기(admired self)를 뒤흔들지 않는다면 도움을 구하지 않을 것이다. 인정의 상실은 참을 수 없는 굴욕으로 경험되고 자존감의 파국적 상실을 초래한다. 자기애적 내담자와 상담할 때 공감은 가장 중요한 치료적 기술이지만, 돕는 사람들(helpers)에 대한 그들의 저평가적 태도 때문에 그것을 유지하기는 가장 어렵다. 상담자에 대한 내담자의 경멸적인 태도는 부모에 대한 그의 인식되지 않는 격노(unacknowledged rage)를 나타낼 뿐만 아니라, 그가 스스로 궁핍과 결핍에서 느끼는 옹졸한 마음을 옮겨 놓은 것을 보여 준다. 치료가 진전되기 전에 내담자는 조롱을 받지 않을 것이라고 확신한다.

내담자의 "진실한 자기"에 이르는 왕도는 공감적 거울 반응(mirroring)의 길고도 고통스러운 길이다. 그의 선택받은 신분에 대한 자기애적 신념에 직접적으로 도전하는 세속적인 치료사들은 급속히 버림 당할 것이다. 현실적이고 합리적인 권고들은 내담자를 격노하게 하거나 혹은 더 낙심하게 만들 뿐이다.

과대자기를 가진 내담자를 교만의 죄를 범했다고 기소하는 종교적 치료사들은 또한 그의 격노를 유발하거나 그를 타락한 비도덕적 사람으로 느끼도록 할 것이다. 자기애적 성격은 그 자신이 용서가 필요한 죄인이라는 견해를 받아들일 수 없다. 그러나 그의 자기 앙양과 무오류의(infallible) 필요성은 의도적인 자기 숭배이거나 혹은 하나님에 대한 불순종이 아니고, 초기의 공감적 실패에서 생긴 자기 규제의 결손을 보충하려는 무의식적 교묘한 조치(maneuver)이다. 개인은 영적 겸손을 어린 시절의 굴욕과 동일시한다. 그가 스스로 겸손하기 전에 초기의 자기애적 상처가 치유되어야 한다.

치료사는 내담자가 도움을 구하는 것이 얼마나 어려운 것인가를 인정하고 평가함으로써 치료를 시작해야 한다. 이해받고 수용된다고 느끼는 감정은 결점이 없이 나타나려는 내담자의 필요를 무력하게 할 수 있다. 그의 환멸과 궁핍을 인정하는 것이 그가 자신의 인간적 열망과 취약성들을 너그럽게 받아들이게 하는 첫걸음이다.

공감적인 치료사와의 관계는 과장된 자기를 유지하려

는 강박증을 침식한다. 내담자의 개인성이 치료적 동반자 관계를 통해 양육된다면, 그는 하나님도 역시 자신의 증오스럽고 수용할 수 없는 부분들을 참을 것이라는 것을 배운다. 영적 변형은 부모에 대한 투사가 제거되면서 나타나고, 내담자는 하나님을 판단 혹은 기대 없이 경험한다. 신앙이 발달함에 따라 그는 우월하려는 필요를 상실한다. 영적이고 심리적인 갱생과 통합이 이루어지면서 개인은 겸손히 그의 한계와 책임을 수용하면서 그의 재능과 성취를 평가할 수 있다. 그의 의존 필요들(dependency needs)의 두려움은 가라 않고, 내담자는 종교적 공동체, 의미 있는 타자와 하나님에 대한 애정이 넘치는 결속을 발전시킨다.[1]

망상적인 자기중심적 사람

망상적 자기중심적 사람은 천사와 악마의 비의의 (esoteric) 세계를 창조하고 그곳에 들어간다. 시각적이고 청각적인 환각은 그의 놀라운 내적 탈선행위들을 증가시킬 수 있다.

자기 소멸적인 자기중심적 사람과 자기애적 자기중심적 사람 사이에 뚜렷한 차이점들이 있음에도 불구하고, 두

---

1) 자기애적 종교적 내담자의 심리치료적 치료는 다음에 제시되었다: James Klieger, "Emerging from the 'Dark Night of the Soul': Healing the False Self in a Narcissistically Vulnerable Minister," *Psychoanalytic Psychology* 7 (1990): 211-224.

유형은 일반적으로 실재와 환상을 구별할 수 있고 정상적인 대인 관계의 담화에 참여할 수 있다. 그의 자기 신격화에도 불구하고 자기애적 개인은 그가 하나님은 아니라는 것을 안다. 그러나 심각하게 퇴행된 자기애적 성격은 그들이 초월적 자질과 마술적인 능력을 천부적으로 타고 났다고 확신한다. 신(the Divine)과의 이 망상적 동일시는 심각한 정신 병리를 암시하는 혼란한 형태의 종교성이다.

    자기 소멸적인 종교성은 또한 극단으로 왜곡될 수 있다. 이전에 언급한 바와 같이 자기 소멸적인 자기중심적 사람은 병적 사고에 안주하기 쉽다. 그러나 그들은 악마적 존재와 실제적인 만남을 거의 보고하지 않는다. 대조적으로 자기를 비하시키는 성향을 가진 망상적인 자기중심적 사람은 박해하는 악한 영들의 놀라운 세계에 스스로 빠져 있다는 것을 느낀다. 그의 용납할 수 없는 자기 증오, 폐기의 두려움과 어린 시절 박해자들에 대한 격노는 무자비하게 그를 따라와 고통을 주는 귀신 혹은 마귀의 형태 속에 의인화된다. 그를 보호하는 데 실패한 어른들의 내적 표상과 결합된 채, 그를 학대했던 사람에 대한 무력감으로 인해, 망상적 내담자는 하나님을 악의 힘에 굴복하는 연약하고 수동적인 분으로 상상할 수 있다. 내담자가 그에게 고통을 주었던 부양자와 심인적으로(intrapsychically) 융합된 것을 느끼면서 결과적으로 그 자신을 강력한 악한 힘과 동일시할 때, 특별히 불길한 역동성이 일어난다.

이 실례들에서 정신증적 과정은 종교적 상징에 부착된다. 종교적 망상들 혹은 극단적으로 병든 사고를 나타내는 내담자들은 되도록 병원 같은 곳에서 철저한 정신의학적 평가를 받도록 즉시 의탁되어야 한다. 망상적인 자기중심적 사람은 자신 혹은 다른 사람들에게 위험인물일 수 있기 때문에 초기에 환자실에서 치료를 받아야 한다. 항정신증적 약물들(antipsychotic medications)은 무시무시한 망상을 개선할 수 있고 논리적 사고를 회복하도록 도울 수 있다.

환자가 안정을 찾자마자 외래환자로서 계속적인 심리적 치료가 시작되어야 한다. 심각하게 혼란스러운 내담자들에게 "실존적-현상학적" 접근[2]은 분석적-해석적인 것보다 더 성공적일 수 있다.

망상적 환자들을 치료하는 치료사들은 정신증적이고 심각한 성격장애들을 치료함에 있어서 능력이 있어야 한다. 환자의 혼란한 종교성은 그의 더 넓은 심리적 손상과 분리할 수 없다. 심리치료적 약물들(psychotrophic medications)이 사고와 기분장애를 관리하기 위해 처방되어야 하기 때문에 정신의학자들과 협동할 것을 강하게 추천한다.

---

2) 망상적 자기중심적 사람과 임상의의 작업의 철저한 재고는 다음에서 발견될 수 있다: David Bradford, "A Therapy of Religious Imagery for Paranoid Schizophrenic Psychosis," in *Psychotherapy of the Religious Patient*, ed M. Spero (Springfield, Il.: Charles C. Thomas, 1985), 154-180.

분노와 용서

대부분의 종교적 전통은 신자들에게 고의로 그들에게 잘못을 범한 사람들을 용서할 것을 강요한다. 자기중심적인 사람의 비통함이 동정과 용서의 태도를 배양하는 데 극복할 수 없는 장애물이라고 보는 종교적 치료사들은 분노의 감정을 단념하게 할 수 있다. 그러나 그들의 분노를 충분히 인정하고 처리하기 전에 환자들이 어린 시절의 학대적인 부양자를 용서해야 한다고 고집하는 것은 말 앞에 달구지를 다는 것과 같다.

제1단계의 사람들을 소모시키는 자기 연민과 분노는 그들의 정서적이고 영적인 장애의 직접적인 원인이 아니라 과도한 심리적 역경의 결과이다. 학대를 최소화하거나 혹은 합리적으로 설명하며 내담자에게 부양자의 긍정적인 자질들을 상기시킴으로써 용서를 떠맡기는 치료사들은 용서하라는 종교적 명령을 왜곡한다. 내담자가 그의 인간됨에 가해진 능욕을 충분히 흡수하고 통합하기 전에 행한 성급한 용서는, 부정을 강화하고 자신과 타자의 현실적인 개념을 설정하기 위한 진보를 정지시킨다.

학대하는 남편들과 계속 결혼을 유지하라고 여성들을 격려하는 종교적 상담자들은 용서하라는 종교적 명령을 왜곡할 뿐만 아니라 재희생화(revictimization)를 촉진시킨다. 많은 여성이 그들을 학대하는 남자와 관련됨으로써 어린 시절의 학대를 재연한다. 이리하여 여성들에게 파괴적인 결혼을 유지하라고 충고하는 종교적 전문가들은, 착취를 시인할 뿐만 아니라 여성의 이미 학대받은 자기에 더 많은 정서적 손상을 가하는 것을 방치한다. 자신이 반복해서 비난당하도록 허락하는 것은 하나님을 섬기는 것이 아니라 종교적으로 허용된 피학증(masochism)을 조장하는 것이다.

위에서 의도적으로 언급한 설명들은 더 용서하는 공감적인 가치관을 촉진시키려는 노력을 저해하려는 것이 아니라, 임상적 작업에서 그들의 적절한 위치를 설정하려고 한 것이다. 진정한 용서는 죄를 범한 사람을 더 많은 의무감에서 해방시키려는 의식적인 결단을 수반하는 잘못된 행동의 현실적 평가를 요구한다. 그의 애착이 투사와 이상화에 의해 왜곡되고 필요의 충족에 의해 지배를 받는 내담자는 진실한 동정과 이해를 경험할 정서적 자율성과 심리적 성숙성이 결핍되어 있다.

용서에 이르는 길을 네 단계의 과정으로 개념화하는 것이 도움이 될 것이다.

1. 내담자가 그/녀의 분노를 인정하도록 격려하라. 너무 이른 용서는 직면하는 것과 희생화의 격노를 처리하는 것에서 기인한 정서적 치유를 방해한다. 내담자는 그/녀의 분산된 분노를 그것의 근원, 초기의 부양자들과 연결시킬 때 도움을 받아야 한다. 이 과업을 성취하기 위해 치료사는 판단 없이 내담자의 적대적 감정을 수용해야 한다.

2. 내담자의 격노를 정상화하라. 치료사는 내담자들의 파괴적인 행동을 너그럽게 보지는 않을지라도, 그들의 이런 행동이 그들의 분노가 잘못 취급받음에 대한 합법적인 반응이라는 것을 이해하도록 도와야 한다. 내담자는 보복의 두려움이 없이 하나님을 향한 그들의 격노를 환기할 수 있는(ventilate) 허용이 필요할 수 있다. 제1단계의 사람들은 더 건강한 가족을 가진 사람을 부러워하면서 사랑받고 양육받을 수 있는 생득권(birthright)을 사기 당했다고 느낀다. 이러한 감정들은 인정되어야 하지 죄스럽다고 분류되어서는 안 된다.

3. 내담자가 슬퍼하도록 도와라. 부모에 의해 사랑을 받지 못한 사람들은 많은 상처와 슬픔을 안고 산다. 내담자가 그/녀의 분노의 감정을 인정하고 적절하게 표현한 후에 애도의 과정(process of grieving)이 뒤따른다. 내담자는 많은 상실을 슬퍼한다: 행복한 어린 시절의 상실, 그/녀의 부모가 과거의 박탈을 보완할 수 있는 희망의 상실, 확대된 자기 이미지의 상실과 인생의 문제들의 마술적 해결에 대한 신념의 상실.

애도 작업(grief work)을 용이하게 할 수 있는 치료적 기술들은 저널 쓰기(journal writing), 유도된 심상요법(guided imagery)과 성경적 심리치료(bibliotherapy)를 포함한다. 빈 의자 기법은 앙갚음의 두려움 없이 부모에 대한 감정을 내담자가 표현하도록 도울 수 있다. 나는 내담자가 화가 난 부모에게 편지를 쓰도록 하고 치료 시간에 그것들을 나에게 읽도록 한다. 그 편지들이 부쳐지지 않을 것을 알기 때문에 내담자는 그/녀의 사고와 감정을 억압 없이 정교하게 표현할 수 있다. 어떤 내담자들은 그 편지를 편집해서 부치기도 한다.

이러한 훈련들을 통해 매우 힘있고 강력한 감정을 방출할 수 있다. 애도 작업을 실행함에 있어서 치료사는 내담자가 압도를 당하고 있지 않다는 것을 보장하기 위해서 시간 조절(timing)과 속도 조절(pacing)을 주의 있게 감독해야 한다.

4. 용서를 증진시켜라. 전통적 심리치료가 항상 직접적으로 용서의 문제를 설명하지 않는다고 할지라도, 세속적인 치료사들은 종교적으로 헌신적인 내담자들을 위해 이 단계의 중요성을 간과해서는 안 된다.

그들의 격노와 실망을 처리한 결과로서 내담자들은 자신과 다른 사람들의 더 현실적인 개념들을 정립한다. 그들이 나쁘거나 혹은 사랑받을 수 없기 때문에 학대를 받거나 무시를 당한 것이 아니라, 그들의 통제를 넘어선 환경의 단순한 희생자라는 것을 그들은 이해한다. 그들은 이상적인 부모의 이상화된 이미지에 더 이상 매달리지 않거나 혹은 가학적이며 굴욕스러운 이미지를 더 이상 두려워하지 않는다. 그렇기 때문에 이 내담자들은 부모를 적절하게 아이들을 양육할 수 없는, 정서적으로 고갈되고 덜 성숙한 사람으로 여기면서 용서할 수 있다.

치료사들과 마찬가지로 내담자들 또한 용서는 전부 혹은 전무의 현상이 아니라 시간을 거쳐 일어나는 과정이라는 것을 명심해야 한다. 내담자가 작업의 한 단계를 완성한 후에 다른 고통스러운 기억들이 갑자기 회상되어 분노 혹은 슬픔의 강렬한 감정에 다시 불이 붙을 수 있다. 내담자들은 치료의 과정을 거치면서 여러 번 분노, 슬픔, 용서의 순서로 진보할 수 있고 퇴행할 수 있다.

용서의 주제에 대해 두 가지 첨가된 요점이 설명되어야 한다. 첫째, 용서는 면제가 아니다. 용서를 선택한 내담자는 그/녀에게 손해를 준 사람을 용서하기로 의식적인 결단을 한다. 이것은 가해자가 그/녀의 행동에 대해 사면되거나 혹은 분노의 모든 감정이 소실되었다는 것을 의미하지 않는다. 가해자는 그/녀의 위반 행위에 대해 하나님께 책임을 져야 한다. 그러나 용서를 통해 희생자는 보복 혹은 보상의 권리를 포기하고 동정심을 가지고 분노를 조절할 수 있다.

둘째, 용서는 화해가 아니다. 용서는 학대적인 관계를 지속해야 할 의무는 아니다. 용서는 화해의 과정에서 첫 단계일지라도 그것이 필연적으로 화해에 이를 필요는 없다. 관계를 재설정하기 위해 가해자는 잘못을 인정해야 하고, 손해를 입히는 비난할 만한 행동들을 저지해야 한다. 가해자가 기꺼이 변화하려고 하지 않는다면 내담자는 그/녀를 더이상 접촉하는 것을 거부할 권리를 가지고 있다.

내적 치유를 위한 기도

"성경적인 지식을 가지고 있는" 치료를 실행하는 크리스천 치료사들은 영적 접근과 전통적 심리치료적 방법을 통합한다. 내적 치유를 위한 기도는 심리적 외상의 치유를 촉진시키기 위해 중보기도와 예수의 이미지를 결합한다. 이 기법이 열렬한 지지자들을 매력적으로 끌어당길지라도 내적 치유는 또한 혹평을 받아 왔다. 기도는 심리영적 치유의 봉사에서 강력한 힘이지만, 자기중심적인 내담자들에게 있어 이 접근의 한계와 잠재적인 효과는 조심스럽게 고려되어야 한다.

첫째, 기도는 잘못된 이유들을 위해 사용될 수 있다. 치료사들은 부모의 착취를 당한 내담자들의 과거의 일에 의해 위협을 느끼고 반감을 느낄 수 있는데, 그것들 중의 어떤 것은 아이의 순수성과 가족의 신성함에 관한 우리의 근본적인 가정들을 산산이 부수어 버린다. 돕는 자들은 또한 어린 시절의 부양자들에 의한 성적 학대 혹은 비열하고도 잔인한 소름끼치는 이야기를 들었을 때 분노, 무기력, 죄책감과 슬픔을 경험한다. 이 불쾌한 감정들은 빠른 치유를 시도하도록 치료사를 자극할 수 있다.

내적 치유 기법을 사용할 때 치료사는 그/녀의 동기, 내담자의 준비성과 적절한 시간 조절을 잘 맞추어야 한다. 기도를 방어적으로 사용하는 치료사들은 내담자의 고통으로부터 고개를 돌린다. 내적 치유의 이러한 오용은 내담자의 회복을 방해할 뿐만 아니라 그/녀의 저평가된 자기를 침해하기 쉽다. 크리스천 심리학자인 시앙-양 탄(Siang-Yang Tan) 박사는 다음과 같이 경고한다:

> 기도는 오용될 수 있거나 남용될 수 있다. 내담자와 마찬가지로 치료사도 가끔 치료에서 드러나는 어려운 문제들의 회피 수단으로 기도에 의지한다. 임상적으로 예민하고 능력 있는 치료사는 기도를 사용하기 위한 동기를 스스로 평가할 것이고, 필요하다면 크리스천 전문가인 동료들로부터 자문과 감독을 구할 것이다.[3]

두 번째 주의는 자기와 타자에 대한 내담자의 파편화된 지각과 관련이 있다. 자기중심적인 사람의 하나님의 이미지는 대단히 무의식적인 투사에 의해 왜곡되어 있다. 유도된 심상요법(guided imagery)은 전제적이거나 복수심이 많은 하나님의 표상 앞에서 무서워 떠는 내담자들 속에 견딜 수 없을 정도로 불안을 일으킬 수 있다. 더욱이 하나님의 치유의 힘을 수용하는 것은 내담자의 경멸적이거나 과대한 자기 지각의 해소는 아닐지라도 어떤 쇠퇴를 요구한다.

탄(Tan)은 우리에게 다음을 상기시킨다:

---

3) Siang-Yang Tan, "Explicit Integration in Psychotherapy," (paper presented at the International Congress Counseling, Counseling and Spirituality Track, Atlanta, November 1988), 6.

하나님을 향한 비통 혹은 분노와 투쟁하는 크리스천 내담자는 현재 직접적인 기도가 준비되어 있지 않거나 그것을 받아들일 수 없다. 내담자에게 수용과 이해를 보이는 크리스천 치료사의 참을성 있는 노련한 도움으로 그/녀의 감정들과 투쟁들이 처리된 후에 그/녀는 나중의 회기에서 기도의 사용에 더 개방적일 수 있다.[4]

마지막으로 치료의 초기에 시작하지 않는다면 내적 치유의 사용은 치료사에게 지나친 의존을 조장할 수 있고 자기 책임감을 잃게 할 수도 있다. 자기중심적 사람이 건설적인 문제 해결을 위한 대체(substitute)로서 이상화된 애착과 마술적 해결을 쉽게 추구할 수 있기 때문에, 이 방법은 내담자로 하여금 하나님과 치료사를 필요를 충족시키는 대상으로서 사용하도록 장려할 수 있다. 더구나 즉각적인 결과를 얻지 못할 경우 더불어 일어나는 환멸은 내담자를 압도하거나 치료를 저해할 수 있다.

제1단계의 사람을 치료할 때 치료사는 심리적 고통의 마술적 제거를 기대하도록 그들과 공모하지 않게 주의해야 한다. 기도는 희망과 낙관주의를 발화시킬 수 있지만, 하락(degradation)의 지울 수 없는 흔적을 씻어낼 수는 없다.

적절한 주의를 기울이면, 내적 치유를 위한 기도는 깨진 고통을 넘어서 사람을 보고 개인의 진정한 영적 추진력의 진가를 아는 감수성이 강한 치료사에 의해 편하게 사용

---

4) Ibid., 7.

될 때, 강력한 치료적 효과를 가져올 수 있다. 다음의 지침들은 긍정적 결과를 극대화하기 위해 제공된다:

1. 치료사들은 능력의 범위 밖에서 그것을 실천하지 않는 윤리적 책임감을 가지고 있다. 적당한 훈련과 감독이 없이 이루어지는 내적 치유 방법의 사용은 윤리적 위반을 구성한다. 전통적 상담과 심리학 프로그램은 치료에서 심리영적 문제를 제기하기 위한 준비가 거의 되어 있지 않기 때문에, 그들의 치료 목록에 영적 방법들을 통합하기를 원하는 세속적인 치료사들은 부가적인 훈련을 받아야 한다.

2. 치료사는 기도를 임상적 작업에 통합하기 위한 분명한 이론적 해석(rationale)을 해야 하고, 이것을 내담자에게 상세하게 설명할 수 있어야 한다. 구체적인 결과가 항상 확실히 예견될 수 없기 때문에 내담자와 임상의는 개입이 의도하는 목적에 동의해야 한다.

3. 내담자는 영적 개입의 사용에 수용적이어야 하고, 회복의 희망과 "좋은 대상"으로서의 하나님에 대한 신앙을 치료 시간 내내 가져야 한다. 희망과 신앙은 근본적인 신뢰의 기초를 요구한다. 치료사의 믿음직함과 성실성을 계속 검증하는 내담자는 긍정적 치료동맹을 정립하는 데 더 시간이 필요하다.

4. 내담자와 치료사는 불합리한 기대들을 경계해야 하지만, 그러나 하나님의 능력에 제한을 두어서는 안 된다. 궁극적인 도전은 현실적이어야 하고 동시에 기적적으로 예기치 않은 것을 수용할 수 있어야 한다.

5. 내담자는 충분히 그들의 회복에 참여하고 내적 치유를 내담자, 치료사와 하나님의 공동의 결과라고 여기도록 고무시킨다. 자신을 스스로 특별한 개인의 수동적인 수혜자(passive

recipients)로 지각하는 사람들은 그들의 심리영적 발달에서 성장을 저해할 것이다.

6. 주류의 임상적 기법과는 달리 영적 개입의 효과는 치료사의 기술이 아니라 하나님의 치유 능력에 주로 의존해서 생긴 것이라고 생각된다. 그러므로 치료사의 임상적인 노련한 기술은 강한 개인적 신앙과 함께 증대되어야 한다. 회의적이거나 영적으로 곤란한 개입의들은 그들의 신앙의 문제들이 충분하게 해결되기까지 이 절차를 시작해서는 안 된다.

급격한 회심들

특히 세속적인 치료사들은 "거듭남(born again)"의 신앙에의 자기중심적 사람의 급격한 회심 때문에 오싹 놀랄 수 있다. 그러나 제1단계의 사람에게 회심은 하나님이 접근할 수 있는 분이라는 표시이다. 좋은 대상을 믿고 예수와 안정되고 긍정적인 관계를 경험하는 능력은 내담자의 심리영적 발달에서 아주 중대한 순간이다. 회심하는 동안 일어나는 인간 심장의 분출은 자기중심적 사람의 자기 소멸적이거나 과대한 자기 지각이 의미심장하게 침식당하고 있다는 것을 보여 준다.

하나님의 사랑과 선함에 대한 내담자의 수용과 종교적 공동체의 그/녀의 열정적인 참여는 치료의 성공에 대한 증언이다. 우리의 가장 부지런한 노력으로 인해 자기중심적 사람이 제5단계로 정확하게 갈 수 없다는 것을 기억하라.

내담자가 교리적 단계를 통과하는 것을 더 선호할지라도, 그것은 발달적 과정을 따라 성숙한 신앙에 이르는 중요한 디딤돌이다. 진정한 사랑과 헌신으로 독단주의(dogmatism)를 완화시키는 권위주의적인 종교적 그룹들은, 새로운 개종자들에게 안전한 영적 토대와 일시적 피난처를 제공한다.

치료사들은 가장 주제넘게 나서는 까다로운 종교적 그룹에 가입하는 자기중심적 사람에 대해 걱정할 수 있다. 그러나 내담자를 권위주의적 그룹에서 구해 내려는 직접적인 시도들은 그/녀의 자율성과 자기 책임감을 손상한다. 그/녀의 가담이 생명을 위협하지 않으면 임상의는 내담자가 재희생당할 무의식적 필요를 극복할 때까지 희생자의 역할에 머무는 것을 허락해야 한다. 피학증적(masochistic) 대인관계에 얽혀 있는 내담자들과 마찬가지로, 치료적 중립성과 이해는 치명적인 종교적 공동체에 가입한 사람들에게도 유지되어야 한다. 인내와 숙련된 해석을 준다면, 내담자는 어린 시절 학대의 무의식적 재연으로서 그/녀가 파괴적인 종교적 그룹에 가담한 것을 결국 이해하게 될 것이다.

내가 브라이언(Brian)이라고 부를 젊은이와의 임상적 작업은, 신앙이 어린 시절의 부정적인 정서적 경험에 의해 얼마나 해롭게 되는가를 예증한다. 브라이언은 전형적으로 제1단계의 사람이다. 이 사례 연구는 독자가 자기중심적 종교성의 역동성을 더 잘 이해하도록 돕기 위해 다음 장에서 상세하게 소개될 것이다.

chapter 07
브라이언의 사례

제7장
브라이언의 사례

브라이언은 지적으로 총명하고 음악적 재능을 가지고 있으며, 사회적으로 잘 나서지 않는 19살의 대학생이다. 그는 규칙적으로 정확하게 수업에 참석하고 음악 연습에 참여하지만 동료들과는 단지 피상적인 접촉만 유지한다. 자유시간에 그는 음악을 듣거나 TV를 보는 것과 같은 고립된 행동을 더 선호한다. 사회적으로 소외된 것 외에 브라이언은 고질적인 불안과 경미한 우울증, 활력과 열정이 결핍된 기괴한 성격 유형을 보인다. 그의 정서적 분리는 비판에 대한 숨겨진 과민증과 거절의 강력한 두려움을 은폐하고 있다.

　　대학 일 학년 때 브라이언은 시험 기간 동안 심각한 불안 공격(anxiety attack)을 경험한 후에 상담에 위탁되었다. 초기에 브라이언은 개인적인 문제들을 탐구하는 것에 저항적이었고, 자신의 유일한 문제는 학문적이며 다른 외부적인 요구에 관련된 스트레스라고 주장했다. 그는 약식의 심리사회적 개인사를 제공했고, 그의 즉각적인 관심에 직접적으로 관련되지 않은 문제들을 토론하는 데 별로 효과를 보지 못했다.

자기 노출을 두려함에도 불구하고 브라이언은 매주 약속을 지키는 데 신속하고 일관성이 있었다. 처음에 그는 시선 접촉을 유지하지 않았고 그의 생각과 감정을 소통하는 것을 매우 꺼렸다. 그는 매주의 활동을 독백 양식으로 표현하면서 대부분의 시간을 보냈는데, 그것도 긴 침묵에 의해 중단되곤 했다. 예를 들면 한 회기 동안 브라이언은 늦은 오후에 그가 어떻게 계획을 세워 세탁을 했는가에 대해 상세한 설명을 했다. 급히 말을 한 후에 브라이언은 침묵했고, 방에 있는 다른 사물을 응시하거나 나의 면전에서 멍한 채로 앉아 있었다. 내가 그의 생각을 물었을 때 그는 음악에 집중하고 있거나 혹은 창밖의 새소리, 머리 위로 날아가는 비행기, 천장 위의 한 점(spot)과 같은 주위의 환경에 집중하고 있다고 자주 대답했다.

치료가 진전되면서 브라이언은 편안해졌고, 꿈의 기억들과 어린 시절의 사건들을 자연스럽게 표현했다. 그러나 그는 분리되고 단편적인 방식으로 이 경험들을 토론했고, 그것들을 탐구해 보라는 격려에 반발했다. 가끔 그는 문학, 음악 혹은 영화에 관해 토론하면서 그의 개인사를 비유적으로 전달했다. 이 학년 말에 임상적 진단이 형태를 갖추기 시작했다. 브라이언은 자기애적이며 기괴하고 정서적으로 변덕적인 그의 아버지에 대해 공포를 느꼈다. 그의 어머니는 양육적이며 지지적이었지만, 그녀의 극단적인 수동성과 주요 우울장애의 취약성 때문에 브라이언에게 안전한 정서적 토대를 제공할 수 없었다.

그의 부모는 브라이언이 태어났을 때 30대 후반이었다. 브라이언은 그것의 정확한 본질을 드러내는 것을 거절하고 싶은 선천적 결함을 가지고 태어났기 때문에, 그들은 자녀를 더 낳지 않기로 결정했다. 기형은 외부적으로 보이지 않았고, 브라이언은 단지 손상된 그 부분을 "그것"이라고 말했다. 그 문제가 가족 안에서 "토론되지" 않은 것 같다고 내가 언급했을 때, 브라이언은 진정 "혐오"란 말이 "그것"을 표현하기에 정확한 말이라고 답변했다. 분명 육체적 결점은 그의 연약한 자존감에 놀라운 부정적 충격을 계속적으로 행사했다.

브라이언이 태어나기 전에 그의 아버지는 기독교 근본주의 교단 소속의 목사였다. 그러나 철학과 역사를 공부하면서 받은 교육으로 인해 그는 진보적인 신학적 성향을 가지게 되었고, 이로 인해 그는 아주 보수적인 회중에게 인기가 없는 목사가 되었다. 그는 동료 목사들과 교회 회중의 거절에 의해 파괴되었기 때문에 신앙을 포기하고 지방의 대학에서 역사 교수가 되었다.

브라이언의 아버지는 아들에게 완벽과 절대적 순종을

기대하는 압제적이고 변덕스러운 사람이다. 아이 때 브라이언의 아주 작은 자극에도 아버지는 격노를 일으켰고, 연이어 긴 성난 침묵이 흘렀다. 애정을 보일 마음이 내키지 않기 때문에 브라이언의 아버지는 거의 애정 혹은 감사를 표현하지 않았다. 그러나 그는 명백한 이유도 없이 브라이언을 급히 조롱하곤 했다.

다른 한편으로 브라이언의 어머니는 친절하지만 언제나 순종하도록 교육받은 수동적인 여성이었다. 그 결과 그녀는 브라이언을 아버지의 가학적 행패에서부터 보호하지 못했다. 그녀는 남편이 종교적 전문직을 떠나기로 결정한 것 때문에 놀라울 정도로 실망했지만, 그녀가 직접적으로 남편에게 이 감정을 소리 내어 말할 수 없었다는 것을 브라이언에게 인정했다. 대신에 그녀는 은밀히 고통을 받았고 심각한, 때로는 무력한 형태의 우울증을 경험했다. 브라이언의 어머니는 근본주의 소속의 교회에 가입해 있었고, 기분이 안정될 때 그녀는 사회적으로 활동적이며 에너지가 넘치고 쾌활했다. 브라이언은 부모가 서로 분리할 때까지 어머니와 함께 교회에 갔다.

브라이언이 십대 초반에 들어갔을 때 그의 부모는 이혼했다. 그는 결혼을 해체하는 그들의 이유를 결코 알지 못했다. 이혼에 연이어 브라이언의 어머니는 근처의 작은 도시에 있는 작은 아파트로 이사했다. 브라이언은 아버지와 함께 살았지만 어머니와 자주 접촉했다. 브라이언의 아버지는 이혼 후에 여러 여성과 사귀었지만, 부모 중 어느 한 쪽도 재혼하지 않았다.

은혜를 베푸는 듯이 굴면서 남을 경시하는 아버지와 우울하면서도 부적절한 어머니의 유일한 아이로서 브라이언은 부끄러움이 많고 움츠려들면서 분리되어 있었다. 사회적인 과묵과 정서적 고립으로 인해 그는 동료들과 함께 자기를 확증하는 상호관계를 발전시킬 수가 없었고, 이로 인해 외로움과 무능력을 강화하고 있었다. 혼자 소외를 느끼면서 그는 음악과 문학에 몰입했고, 이것들은 그에게 정서적이고 사회적인 대리적 경험들을 제공했다. 그의 타고난 지성의 발달과 허구적 인물들과의 동일시로 인해 그는 근본적인, 그러나 연약한 자기를 형성할 수 있었다. 이 연약함은 거울을 보고 "나는 나이다"라고 놀라는 그의 기억에서 구체적으로 잘 드러난다. 그의 자기 경험의 해리적(dissociative) 특성은 파편화(fragmentation)에 대한 그의 취약성을 드러낸다.

브라이언은 아버지가 수용할 수 있는 완벽한 아들이 되기를 강요받고 있었기 때문에, 그는 아버지의 기대와 일치하지 않는 그의 부분들을 억압했다. 그의 강박적 완벽주의는 희박한 정서적 균형을 유지할 수 있는 통제력을 그에게 주었다. 그러나 거짓 자아 밑에 숨어 있는 자기 경멸의 핵심적 감정 때문에 그는 아주 작은 비판 혹은 불승인에도 부끄러움과 무가치를 느꼈다.

브라이언이 더 이상 형식적인 종교(formal religion)에 참여하지 않았음에도, 그는 아버지와의 무의식적 갈등과 직접적으로 평행을 이루는 하나님과의 강렬한 내적 투쟁을 경험한다. 이 전이(transference)는 그의 아버지가 성직자라는 사실에 의해 쉽게 이루어졌다. 브라이언의 종교적 심상은 그의 아버지의 특징들로 가득 차 있다. 그러나 동시에 하나님에 대한 그의 이미지들은 그의 어머니의 특성들을 담고 있다. 브라이언의 영적 발달의 수준은 치료에서 나타난 두 가지 종교적 주제에서 가장 잘 예시되고 있다.

첫 번째는 할머니의 집에 있었던 종교적 그림에 대한 브라이언의 반응의 기억에 중심을 둔다. 브라이언이 어린아이였을 때 그와 어머니는 할머니와 함께 시골에서 자주 주말을 보냈다. 이 방문 동안 브라이언은 가끔 그림을 바라보면서 거실에 앉아서 혼자 몇 시간을 보내곤 했다.

그림 속에서 한 그룹의 찬양하는 아이들에 둘러 싸인 예수는 그의 무릎 위에 있는 어린 소년을 껴안고 있었다. 브라이언의 관점에서 보면 예수는 그림 속에서 아이들이 아니라 소파에 앉아 있는 그를 바라보고 있는 것처럼 보였다. 예수의 얼굴의 표정은 브라이언에게 "은혜와 분노"를 전달하고 있는 것처럼 보였다. 브라이언은 "나는 단지 분노를 느꼈지만, 그러나 나는 은혜가 그곳에 있었다는 것을 알았다"라는 것을 기억했다. 그가 그림을 주시하면서 "만약 내가 선하다면, 하나님은 그의 아들을 수용할 것이다"라는 것을 믿으면서 두려움이 떠오르는 것을 느꼈다. 브라이언에게 선함은 완벽함을 의미한다.

"분노와 은혜"의 예수는 아버지에 대한 브라이언의 아주 모순된 이미지들과 연상된 감정들의 분할을 표현한다. 한편으로 그는 동정심이 많은 아버지의 인정과 긍정을 열망한다. 또 다른 한편으로 그는 화가 나 있고 무의식적으로 그를 공포에 떨게 하는 가학적인 아버지를 파괴하고 싶어 한다. 성난 예수는 부분적으로 그에게 굴욕을 느끼게 하는 부당한 아버지를 향한 분노의 투사물이다. 그의 분노를 의식적으로 인식할 수 없었기 때문에 브라이언은 그를 저주하고 있다고 느껴지는 하나님에게 아버지와의 갈등을 전가한다. 더구나 그는 하나님의 저주가 정당하다고 믿는다. 죄책감에 압도당한 채 브라이언은 그가 "모든 것에 관해 거짓말을 한다"라고 고백한다.

한 가지 차원에서 그의 죄책감에 대한 인정은 그 자신에게 진실하지 못한 그의 실패를 정확하게 보여 준다. 그는 자신의 감정과 소원을 억압하고, 아버지를 즐겁게 할 수 있는 것이라면 무엇이든 그것에 자신을 짜 맞추고 있다. 그는 "나는 내가 아니고 나 스스로 되고 싶은 것이다"라고 말했다. 브라이언의 자신에 대한 판단은 또한 그에 대한 아버지의 비판적인 태도를 그가 얼마나 철저하게 내면화하고 있는가를 가리킨다. 아버지에 의해 평가받지 못한 채 그는 지금 스스로 자신의 가치를 깎아 내리고 있다.

더 깊은 차원에서 브라이언의 부끄러움은 학대에 대

해 자신을 비난함으로써 아버지를 면제시키려는 방어적인 교묘한 술책이다. 이것으로 브라이언은 아버지에 대해 느끼는 분노를 회피할 수 있을 뿐만 아니라, 무능력과 열등감의 감정을 보상하기 위해서 그의 사기를 저하시킨 아버지에 대한 싸늘한 인식을 회피할 수 있다.

아버지의 "분노"에 대해 자신을 비난하며 완벽한 아들이 되려고 노력함으로써, 브라이언은 아버지가 어느 날 은혜로운 마음으로 그를 포용할 것이라고 계속 상상한다. 그러는 동안 그는 아버지의 특별한 아들이 되기를 기다리면서 변두리에 머문다. 브라이언은 그의 나쁨을 전적으로 수용함으로써 아버지에게 그리고 동시에 하나님 안에서 사랑을 얻을 수 있다는 희망을 가진다. 그는 스스로 가치가 없기 때문에 그 사랑을 얻지 못한다고 믿는다.

그의 신앙의 자기중심적 특성을 강조하는 데 이바지하는 두 번째 주제는, 그의 타고난 결함을 극복하기 위한 브라이언의 전략에 관한 것이다. 무엇보다도 이 미관을 해치는 모습(disfiguration)은, 사랑을 받기 위한 그의 희망을 위협한다. 브라이언은 "이 결함이 모든 것의 열쇠이다"라고 말한다.

그가 완전해질 때까지 하나님은 그를 수용하지 않을 것이라 굳게 믿으면서 브라이언은 하나님이 그의 기형 (deformity)을 가능한 제거할 수 있다고 추론한다. 반대로 그는 하나님은 잔인하고 부당하다는 것을 암시함으로써 화해는 얻을 수 없다고 주장한다. 하나님은 나쁠 수 없기 때문에 브라이언은 그의 장애가 하나님으로부터 온 "시험"이라고 결론을 내린다. 그는 추한 모습의 치유를 통해 "하나님의 선함을 증명하기로" 결심한다.

　브라이언은 그를 "정상적인 사람"으로 변형시켜 주시기를 하나님께 열심히 기도한다. 그는 특별히 생일날과 같은 특별한 날에 "기적"을 고대하고 싶어 한다. 그러나 매번 "기적은 일어나지 않았다." 브라이언은 극단적으로 동요되었고 자기를 경멸하게 된다. 그는 하나님에 대한 그의 실망을 그에 대한 하나님의 실망으로 바꾼다. 그의 몸을 깊이 부끄러워하기 때문에 브라이언은 그를 치유할 수 있는 "우주의 법칙을 발견하기 위해" 광적으로 시도한다. 과학의 허구에 대한 그의 몰입은 이 업적을 성취할 수 있는 가능성에 대한 그의 믿음을 지지한다.

　이 드라마의 여러 가지 특징은 브라이언의 신앙의 자기중심성을 강조한다. 첫째, 그의 간청은 종교적으로 자기중심적 사람의 기도를 특징짓는 필요 충족에 대한 마술적인 사고와 성향을 예증한다. 둘째, 육체적 외모의 대한 그의 관심의 강박적 특성은 자기애적 상처에 대한 극단적인 취약성을 가리킨다. 브라이언에게 불완전함은 그의 자존감의 초기의 불확정에서 비롯된 자기 미움의 감정을 소생시킨다. 마지막으로 그 자신과 하나님 사이의 분명한 분화의 결핍은 여기에서 예증된다. 기적을 행하지 못하는 하나님의 실패에 실망했기 때문에 그는 마술적으로 하나님의 전능성과 동일시하면서 그를 치유하려고 시도한다.

자신이 하나님의 의지와 관심의 중심이라는 브라이언의 가정은 그의 사고의 원시적 특성의 다른 현저한 표시이다. 그의 이미지들은 단지 한 쌍으로 융합된 혼란스러운 관계를 묘사한다. 특혜 받은 아이를 붙들고 있는 아버지와 같은 사람을 수동적으로 관찰하는, 그림 속의 찬양하는 아이들을 제외하고 다른 사람들에 대한 언급은 없다. 그는 그에게 모욕을 주는 것을 기뻐하는 가학적인 하나님에게서 빠져 나올 수 없을 정도로 구속된, 경멸스러운 사람이라고 스스로 느낀다. 그의 희망은 하나님의 "완전한 선함"과 융합하기 위해서 그의 부정적인 특성들을 추방하는 것이다. 이 시도가 실패함으로써 그는 자신의 전능함을 정교하게 설명하고 우주의 힘을 통제할 능력을 가진 체한다.

결점이 없는 자기를 창조하려는 브라이언의 강박성은 이상화된 아버지(wished-for father)의 애정을 얻기 위한 희망일 뿐만 아니라, 그의 파괴된 두려운 정서를 억누르고 통제력을 경험하기 위한 전략이다. 부가적으로 그는 변화할 수 없는 자신의 한 가지 단면에 노력을 집중함으로써, 긍정해 주는 아버지(affirming father)에 대한 그의 탐구는 무익하다는 소름끼치는 발견을 회피한다. 스스로 변형되고 싶은 희망은 또한 그를 자기 미움 속에 전적으로 침몰되는 것으로부터 보호한다.

브라이언의 이미지와 연상의 분석은 또한 종교적 이념이 어떻게 병리적 과정으로 흡수되고 혼란한 정신 상태를 표현하기 위한 도구가 되는가를 예증한다. 기독교 신학은 "흠이 없는" 그리스도 안의 신앙을 통해 죄인은 죄 용서함을 받는다는 것을 가르친다. 그러나 그리스도의 이러한 묘사는 브라이언에게 현실감이 없다. 그는 은밀히 경멸하는 분노에 찬 신(deity)을 단지 그려볼 뿐이다. 그의 격노를 부정하려는 막대한 노력 안에서 브라이언은 그의 완전무결을 통해 하나님의 선함을 회복하려고 노력한다. 기독교 교리의 이 뒤바뀜은 그의 유동적인 자기 감각과 그의 경계선들의 침투성(permeability)을 증명한다. 브라이언이 어머니의 근본주의 소속의 교회에서 받았던 종교적 교육의 잔여물은, 죄 없음을 요구하고 불의한 사람에게 고통을 가하는 복수하는 하나님에 대한 그의 비전을 강화한다.

우리가 상담하는 동안 드문드문 브라이언은 자신이 하나님에 의해 사기를 당했다고 인정했다. 사랑하는 가족을 가진 다른 사람들에 대한 그의 시기는 짧게 드러났지만 통렬했다. 그의 무서운 하나님 이미지는 모성적 투사에 의해 완화되기 때문에 이러한 인정은 가능하다고 나는 믿는다. 그의 어머니와 마찬가지로 아마 브라이언의 할머니와의 만족스러운 경험은 애매한 감정을 참는 능력을 발전시키도록 했다. 예수를 부드럽고 동정심이 많은 분으로 상상하는 브라이언의 능력은 사랑하는 아버지를 위한 소원을 반영할 뿐만 아니라 안정된 기간 동안 받았던 어머니의 양육을 반영한다. 어린 브라이언은 그림을 응시하면서 어머니에 의해 간직된 기억들로 인해 위로를 받았을 것이다. 그러나 어머니는 그를 아버지의 폭력적인 분위기로부터 보호하기에 무력했기 때문에 그녀의 "은혜"의 팔은, 비록 순간적으로 위로는 주었을지라도, 그의 아버지의 "분노"로부터 그에게 방패막이가 될 수 없었다.

위로와 위안을 필사적으로 필요로 하고 있는 브라이언의 신앙은 매우 유치하다. 그의 영적 시야는 좁고 자기중심적이다. 하나님은 그의 개인적 가족의 외상의 화신(personification)이다. 그의 유일한 영적 목표는 하나님의 사랑받는 아이가 되는 것이다. 그는 영적 유대감 혹은 공동체 의식을 경험하지 못한다.

예수의 무릎에 있는 아이와, 동시에 한 무리의 아이들 밖에서 소파에 앉아 있는 아이와의 브라이언의 동일시는 그의 중심적 갈등을 구체화한다. 그는 애정과 애착을 바라면서도 동시에 그것을 두려워한다. 아버지의 예측할 수 없는 격노와 어머니의 우울한 반응들은 브라이언에게 무섭고 혼란스러운 세계를 창조했다. 그를 안정되게 하고 만족시키는 애착 관계 속에서 안전하게 정착하도록 하지 못한 부모의 실패는, 다른 사람들과 하나님과의 성숙한 관계를 발전시키기 위해 필수적인 근본적인 신뢰의 기초를 남겨두지 않았다. 브라이언은 그의 환경 안에 있는 현존하는 사람들을 알고 있을지라도, 그는 그들로부터 정서적으로 떨어져 있었다. 거절과 굴욕으로부터 그를 보호하는 동시에 그의 단절은 공허, 절망과 갈망의 내적 세계를 창조한다.

브라이언이 그의 고통과 격노를 충분히 직면하기까지 그는 정서적 갈등에 의해 오염되지 않은 건강한 종교적 가치관을 발전시킬 수가 없다. 현재 브라이언은 아버지가 그에게 준 역할로부터 그를 분리할 수도 없고, 그의 아버지를 하나님으로부터 분화할 수도 없다. 이리하여 그는 완전을 요구하는 두렵고 전제적인 하나님을 달래려고 끊임없이 시도한다. 이 불가능한 과업으로 인해 그는 지나치게 경계하고 조심스러워하며, 만성적으로 우울해 한다.

그의 유일한 기분 전환(relief)이야말로 그를 부정했던 사랑과 위로를 얻기 위한 한줄기의 희망이다.

chapter **08**

제2단계:
교리적 신앙

제8장
제2단계: 교리적 신앙

윌리암 제임스는 영적 확신의 두 가지 뚜렷하지만, 상호 연관된 양상을 설명했다:

> 첫째, 그가 탈출하기를 바라는 현재의 불완전함 혹은 잘못됨 그리고 둘째, 그가 달성하기를 갈구하는 긍정적인 이상. 지금 대부분의 우리에게 현재의 잘못됨의 감각은 우리가 목표할 수 있는 어떤 긍정적 이상의 상상보다 훨씬 더 우리 의식의 뚜렷한 부분이다.[1]

애드윈 스타벅(Edwin Starbuck)을 인용하면서 제임스는 대부분의 신자의 영적 노력은 "의를 향한 노력보다 오히려 죄를 멀리하기 위한 투쟁의 과정이다"라고 말했다.[2] 죄를

---

1) William James, *The Varieties of Religious Experience* (New York: Penguin Books, 1985), 209.

멀리하기 위한 이 투쟁은 교리적 단계에 있는 사람들의 영적 동기를 설명한다.

오디푸스적 투쟁과 본능적 포기를 위한 필요성에 종교의 뿌리를 두고 있기 때문에 시그문트 프로이드는 종교의 죄책감을 강조했다. 프로이드에 의하면 3살과 5살 사이의 아이들은 반대의 성을 가진 부모에게 성적 욕구를 가진다. 정반대의 성을 가진 부모를 독단적으로 소유하고 싶은 그들의 소원은 똑같은 성을 가진 부모를 폐기하는 상상을 하게 한다. 근친상간의 열정을 저지하는 강한 금지의 결과로, 아이들은 반대의 성의 부모에 대한 강박적 사고를 포기하고 똑같은 성의 부모와 동일시함으로써 콤플렉스를 해결한다. 이 해결은 개인적 양심 혹은 초자아의 형성에서 그 절정을 이룬다. 사회적 금지를 내재화함으로써 개인들은 자기 규제적이 되고 도덕적으로 책임감을 가질 수 있다. 초자아의 이상에 순응하지 못한 실패는 불안과 죄책감을 초래한다. 프로이드는 종교는 보통 사람들의 음란하고 폭력적인 충동을 억제하도록 초자아를 돕기 위해 고안되었다고 믿었다.[3]

불행하게도 성적이고 공격적인 감정의 포기를 지나치게 강조하는 가족과 사회적 그룹은 그들의 정상적인 인간의 정서를 두려워하는 신경증적 개인들을 창조한다. 죄에 초점을 둔 종교성이 그들의 가혹한 초자아를 반사하기 때문에 많은

---

2) Ibid., Quoting Edwin Starbuck, *The Psychology of Religion* (New York: Scribner, 1899), 64.

3) Sigmund Freud, *The Future of an Illusion* (New York: Doubleday, 1927).

신경증자는 억압적이고 까다로운 종교적 그룹에 이끌린다.

도덕적 불안과 신뢰받는 권위는 학교를 다니는 어린이들의 신앙에서 현저한 역할을 한다. 종교적 교리에 종속됨으로써 어린아이들은 초자아를 굳건하게 하고 영적 세계관을 조직할 수 있다. 부가적으로 제도적 가입은 어린아이들에게 종교적 정체성과 공동체 의식을 준다. 개인들이 더 자기 지시적이고 애매한 것을 너그럽게 받아들일 때, 그들은 비판적으로 그들의 가치와 신념을 검증하기 시작한다. 과도기 기간을 거친 후에 그들은 종교적 규범에 의존하는 것을 포기하고 도덕적 결정을 위해서 개인적인 양심에 의존하게 된다.

통제의 외적 소재(external locus of control)에서 내적 소재로의 이 변화는 내적 양심에의 의존과 종교적 이념에의 헌신이 필연적으로 상반된다는 것을 의미한다. 영적으로 깊은 개인들은 신학적 신념의 공유된 가치관을 통해 의미와 지지를 발견한다. 종교적 준수를 통해 가슴의 확신을 표명할 수 있거나, 아니면 그것을 통해 비판적 사고와 개인적 책임감을 대신할 수 있다. 따라서 종교적 규범에 강박적으로 순응하는 개인들은 종교적 이상을 내재화하는 더 높은 단계에 있는 사람들과 여기에서 구별된다.

교리적 종교성은 권위주의적 부모의 양육에 뿌리를 두고 있다. 지나치게 비판적이고 과도하게 통제적인 부모의 어린아이들은, 그들을 권위주의적인 종교적 지도자들 혹은 그룹들에게 자연스럽게 이끌리도록 하는 확실성의 강한 필요와 자기 훈련을 발전시킨다. 제1단계의 사람들과는 다르게 교리적인 사람들은 안전한 핵적인 자기(nuclear self)를 합리적으로 정립하기 위해 충분한 일관성 있는 사랑과 양육을 받았다. 그러나 애정과 긍정은 그/녀의 부모의 소원과 이상에 아이가 절대적으로 공모하는 것을 조건으로 한다. 성적이고 독단적인 성향은 특히 권위주의적인 부모들에게 저주와 같다.

내적인 자존감을 발전시키기 위해 어린아이들은 무조건적으로 사랑을 받아야 한다. 합리적인 한계 내에서 아이들은 그들의 자연스러운 감정, 생각과 흥미를 표현할 수 있도록 허용되어야 한다. 만약 그들이 부모의 열망에 순종할 때만 긍정될 수 있다면, 그들은 자신의 감정을 두려워하고 약점을 받아들이지 못하고 과도하게 다른 사람들의 승인에 의존하는 성인이 된다. 죄책감과 신경증적 두려움에 의해 고통을 당했기 때문에 이 개인들은 그들의 무능을 보완하기 위해 권위주의적인 종교로 돌아설 수 있다. 부가해서 그들의 내적인 "비행의 감각"(sense of wrongdoing)은 심판적인 종교성과 일치한다.

교리적 신앙은 또한 과보호를 받은 개인들 속에 뿌리를 내리고 있다. 어떤 부모들은 자신의 아이들을 삶의 거친 현실에서 막아 주려고 노력한다. 이 부모들 중의 많은 사람은 좋은 의도를 가지고 있고 아이들의 최고의 관심을 가슴에 두고 있다. 그럼에도 불구하고 독립적인 생각을 격려해

주지 않음으로써 그들은 아이가 자신 있고 확신적이기 어렵도록 만든다. 더욱이 스스로 책임을 지도록 가르침을 받지 못한 아이들은 다른 사람이 그들을 대신해서 결정하도록 기대하는 어른이 된다. 많은 사람이 안이하게 인생을 살아가려 하고 일이 잘못될 때 쉽게 낙담하고 환멸을 느낀다.

아이들의 주도권을 마비시키는 것 외에, 지나치게 염려하는 부모들은 아이가 실수를 범해서는 안 된다거나 혹은 문제를 일으켜서는 안 된다는 기대를 무심코 전달한다. 지나치게 비판적이고 완벽을 추구하는 부모의 아이들은 자신이 완벽하지 않다면 사랑을 받지 못할 것이라고 두려워하는 법을 배운다.

어떤 과보호적 부모들은 그들의 궁핍으로 인해 아이들에게 매달린다. 인정과 지지를 받기 위해 아이들에게 의존하는 불안전한 부모들은 그 아이들에게 굉장한 짐을 지우고 있다. 아이들은 자신의 독립이 부모에게 고통과 고뇌를 창조할 것이라고 느끼면서, 분리하고 싶은 그들의 자연스러운 욕구에 죄책감을 느낀다.

사랑을 받기 위해서 부모의 열망에 순응하려는 의무를 느끼는 아이들은 부모로부터 자신을 분리하고 자신의 고유한 가치와 이상을 발견하는 데 어려움을 가지고 있다. 그들의 내적 목소리를 따르는 대신에 그들은 조건적으로 다른 사람의 필요와 소원에 주의한다. 부가해서 그들은 통제하는 부모를 과도하게 비판적이고 완벽주의적이 되도록 하는 초자아에 통합시킨다.

　조종하는 부모에 의해 키워진 개인들은 분노하거나 혹은 성적인 기미가 보이는 정서를 드러내는 데 특히 조심스럽다. 이 신경증적 두려움은 여러 가지 역동성과 연관되어 있다. 첫째, 권위주의적인 부모가 성적 욕구에 관해 갈등을 느껴왔기 때문에 그들은 성에 관한 손상을 주는 생각을 아이들에게 부과한다. 둘째, 아이들이 사춘기에 도달할 때 겉으로 드러나는 성과 자기주장은 불안전한 부모에게 아이들이 독립적이 되고 있다는 것을 상기시킨다. 이 청소년들은 그들의 개성화가 부모에게 위협적이라는 것을 눈치 채고 부모의 불행에 대해 책임감을 느낀다.

　마지막으로 권위주의적 부모의 성인 아이들(adult children)은 의식적으로 혹은 무의식적으로 부모의 침입, 불관용과 만족할 줄 모르는 요구에 강하게 분노한다. 이 숨겨진 분노가 부모를 즐겁게 하고 수용하려는 그들의 필요와 갈등을 일으키기 때문에, 그들은 화난 감정에 위협을 느낀다. 이 부정적인 감정을 부정하거나 억압하려고 시도함으로써 그들은 분노를 자신에게 퍼붓고 우울해지며 불만족스럽게 된다.

　자신의 재능과 관심을 발전시킬 기회가 그 아이들에게 주어지지 않고 부모의 이상의 복사판이 되도록 강요당할 때, 그들은 다른 사람들의 승인을 통해 정당성을 구하는, 순응하며 주장을 내세우지 못하는 어른이 된다. 그들의 정지된 두려움과 자기주장의 축소된 능력은 종교적 실천과 하나님의 관계에서 두드려진다. 제2단계의 사람들은 의존적이며 자기희생적인 것에 대해 확증을 받으려고 자기 부정과 종교적 권위에 종속을 강조하는 종교적 그룹에 이끌린다.

여러 가지 특징이 자기중심적 단계와 교리적 단계를 구별한다. 교리적인 사람들이 억압하는 초자아 아래에서 사랑과 노동의 상실을 두려워할지라도, 그들에게서는 자기중심적 사람들을 특징짓는 충동성, 분산된 경계선, 기분 동요(mood swings)와 유기 불안(abandonment anxiety)은 보이지 않는다. 사실상 **충동적이고**(impulsive) 변덕스러운 자기중심적인 사람과 정반대로, 교리적인 사람은 **강박적이고**(compulsive) 억제되어 있다. 제2단계의 사람들은 욕구와 감정을 억압하고 고분고분한 아이로 남아 있으면서 하나님의 사랑을 얻기 위해 노력한다.

유기와 폐지를 무서워하기 때문에 정서를 억압하고 있는 종교적 자기중심적인 사람과는 달리, 교리적인 사람은 징벌이나 앙심을 품은 보복을 두려워하지 않는다. 대신에 승인을 받고 싶은 그들의 과도한 필요 때문에 거절 혹은 비판을 초래하게 될 어떤 감정이나 행동을 금한다. 쉽게 자극을 받아 복수심에 불타는 하나님을 달래려고 애쓰는 자기중심적 사람과 대조적으로, 교리적인 사람은 하나님의 왕국에서 특혜가 있는 자리를 얻기 위해 하나님을 즐겁게 하려고 노력한다.

교리적인 사람은 비행 혹은 범죄의 내적인 감각을 진

정시키려고 주로 기도와 고백을 사용한다. 선함(goodness)을 순응(compliance)과 관련시키도록 교육받아 왔기 때문에 제2단계의 사람은 그들이 부모로부터 무비판적으로 흡수한 이상을 위반한 것에 대해 삶을 마비시키는 죄책감을 느낀다. 그 다음 그들은 가학적인 초자아를 그들이 비판적이며 불쾌하다고 경험한 하나님에게 투사한다. 고백은 죄책감을 일시적으로 가라앉힌다. 그러나 교리적인 사람은 무의식적으로 하나님을 결코 만족할 줄 모르고 불만족을 표현하는 부모로 바꾸었기 때문에 진정한 용서와 화해를 경험할 수 없다.

모든 종교적 유형 가운데 교리적인 사람은 종교적 가입과 참여에 가장 중요성을 둔다. 제2단계의 사람에게 안전감은 특별한 신앙의 그룹과의 동일시를 통해 얻어진다. (이것은 제2단계의 범주의 하위 유형인 영적 은둔자(spiritual recluse)에게 적용된다. 영적 은둔자가 사회적 상호작용을 최소화할지라도 그/녀는 항상 종교적 전통과 강한 동일시를 유지한다.) 자기주장을 하고 싶은 어떤 충동도 거절의 두려움을 자극하기 때문에 교리적인 사람은 종교적 공동체의 가르침에 결코 의심을 품거나 도전하지 않는다.

제2단계에서 도덕적 판단은 상호 교환과 분명하게 정의된 의무와 책무에 기초한다. 개인은 양심의 요구를 진정시키려고 평등한 존중을 받을 권리를 위해서 도덕적으로 행동한다. 주로 초자아의 불안에 기초한 상호 관계의 도덕성은 편협하고 강직하다. 그러나 정의의 영(a spirit of justice)의

출현은 제1단계의 이질적인 도덕성보다 발달적인 진보를 이룬 것이다. 상호 관계적인 의무감은 교리적인 사람과 처벌 혹은 보복의 두려움으로 인해 도덕적으로 행동하는 자기중심적인 사람을 구별한다. 도덕적인 올바름에 대한 몰입은 하나님의 사랑을 얻기 위한 희망에서 나온다. 순응의 보상에 대한 확신은 심리영적으로 자기중심적인 사람의 내적 세계에 거주하는 표상들보다 더 신뢰할 수 있고 덜 변덕스러운 하나님의 내적인 표상들을 요구한다.

요약해서 교리적 신앙은 제도적 동맹과 종교적 교리에의 종속에 초점을 둔다. 제2단계의 사람들은 "거룩한 것(saintliness)에 봉사하려고 자아(ego)를 사용하는 대신에 자아에게 봉사하려고 거룩한 것을 사용한다."[4] 영적 완전에 대한 이러한 강박은 그들의 영적 경건 밑에 숨겨진 외래적인 동기부여를 가리킨다.

심리학의 반종교적 선입관은 아마 교리적 단계를 넘어서 진보하지 못한 종교적으로 헌신적인 어른들의 압도적인 태도(preponderance)에서 비롯된 것이다. 치료사들은 미성숙한 성인의 종교적 행동과 계속적인 접촉을 하고 있기 때문에, 그들이 신앙의 더 진보된 형태들에 동조하지 못한다는 것은 놀라운 일은 아니다. 그럼에도 불구하고 마음이 좁고 억압된 영적 성향은 종교적으로 가입된 사람들 사이에 널리 퍼져 있는 것 같다.

---

4) Fritz Kunkel, *Let's Be Normal* (New York: Ives Washburn, 1929), 278.

교리적 범주 안에 있는 개인들은 분명한 하위 그룹들에 가담한다. 다섯 가지 유형이 두드러진다: 영적 율법주의자, 영적 순교자, 영적 개혁운동가(crusader), 영적 지성인과 영적 은둔자.

영적 율법주의자

신약성경에 묘사된 바와 같이 하나님을 섬기는 것보다 종교적 규범을 따르는 것에 더 관심을 가진 바리새인들은 이 하위 그룹의 원형이다. 편협한 신념에 대한 단순한 헌신을 넘어서 율법주의자들은 어리석을 정도로 종교적 준수에 있어서 격식에 얽매여 있다. 그들의 세심함과 지나치게 양심적임은 그들의 자존감이 완벽해지려는 것에서 나왔다는 것을 어느 정도 증언한다. 도덕적 정당성과 하나님의 사랑을 확신하려는 그들의 필요에 만족할 줄 모르기 때문에, 율법주의자들은 독립적인 사고를 종교적 교리의 횡포에 희생시킨다. 부가해서 종교적 금지 명령에 대한 복종 때문에 그들은 성적이고 반역적인 충동을 억제한다.

그 행동이 부끄러움과 죄책감을 통해 통제되는 억압적이고 엄격한 가족은 세심함의 근거를 만들어 낸다. 적절한 행동으로 인해 확증을 받고 칭찬을 받지만, 자기주장으로 인해 꾸지람을 듣는 아이들은 그들의 신념에 있어서 정서적으로 비표현적이고 완벽주의적이며 엄격하다. 그들은 어린 시절의 길들어짐(conditioning)을 종교적 생활로 옮기고, 신앙이 깊은 체하는 경건을 통해 하나님의 호의를 얻으려고 냉혹하게 노력한다. 부가해서 그들은 다른 사람이 찬양하고 본받을 수 있는 자기 훈련을 과시한다. 이 찬사가 없이는 그들은 평가절하되면서 무가치를 느낀다.

초반에서 나는 성숙한 영적 헌신은 자기 훈련과 하나님 은혜의 겸허한 수용의 균형을 맞춘다는 것을 제안했다. 완벽하고 도덕적으로 탁월하려는 노력에서 생긴 율법주의적인 "신앙"은 신자의 신앙의 결핍을 더 쉽게 증명한다. 자신의 의지, 훈련과 자기 통제에 의존함으로써 율법주의자들은 영적 힘의 원천으로서라기보다는 오히려 그들의 거룩함을 승인받기 위해서 하나님을 바라본다. 하나님과 영적 동반자 관계를 증진시키는 대신에 율법주의적 성향은 강박적 자기 의존을 부추긴다.

영적 순교자

영적 순교자는 다른 사람들의 행복을 위한 그들의 비이기적인 관심을 가지고 순진한 관찰자에게 인상을 끼친다. 그러나 더 깊은 분석은 그들의 비이기심(selflessness)이 자기의 올바름(self-righteousness)의 가장 교활한 형태라는 것을 드러낸다. 순교자의 큰 아량의 수혜자들은 사랑의 위장 아래서 질식당하고 조종당한다.

여성들의 도덕적 발달에 관한 혁명적인 논문인 『서로 다른 소리로』(In a Different Voice)의 저자 캐롤 길리간(Carol Gilligan)은 자기희생의 여성적 윤리에 대해 사고를 자극하는 분석을 제공한다.5) 다른 사람들에게 섬김을 통해 정체성과 자존감을 얻도록 사회적으로 길들여져 왔기 때문에, 많은 여성은 선함과 자기 부정을 동등하게 취급하는 것을 배운다. 그러나 길리간은 도덕성을 자기희생에 동여매는 것은 개인의 성실과 선택의 자유를 위태롭게 한다고 주장한다. 자기희생의 윤리는 여성들이 사랑받고 평가받기 위해 여성적 선함(feminine goodness)에 관한 합의적 판단에 굴복하는 상호 교환의 도덕성의 변이 형태이다. 길리간에 의하면 도덕적 위기로 인해 사람은 이 여성의 위치의 한계를 반성하고 이기심과 자기 돌봄 사이의 반대를 해소할 수 있다. 그러나 내가 이미 암시했듯이 도덕적 진보는 건강한 심리적 가치관에 좌우된다. 적절한 양육과 인정이 박탈된 여성들과 남성들은 그들의 도덕적이고 영적인 발달에서 손상을 겪는다.

영적 순교자들은 그들의 가족의 기원에서 강박적인 부양자들(caretakers)이었다. 많은 사람이 알코올 중독에 빠진 부모와 동반의존적(co-dependent) 관계 속에 있었다. 알코올 중독자의 필요에 대한 책임을 떠맡은 것 외에, 그들은 알코올 중독자가 아닌 부모를 보살피고 지지해 주도록 기대되

---

5) Carol Gilligan, *In a Different Voice* (Cambridge: Harvard University Press, 1982).

어 왔다. 알코올 중독이 있었든 없었든, 순교자들은 어린아이로서 가족 안에서 돌보는 역할을 하도록 강화되었다. 그들은 아주 책임감이 강하고 인내심이 깊고 자기희생적이라는 긍정적인 인정을 받았다. 그들 자신의 필요들과 문제들은 무시되거나 또는 최소로 평가되었다.

부모는 많은 이유 때문에 그들의 정서적 필요를 충족시키려고 아이들에게 의존한다. 서로에게 소외를 느끼며 성가신 결혼에 빠진 배우자들은 위로와 친한 관계를 위해 아이들에게, 혹은 가족 안에 특별한 아이에게 의지할 수 있다. 이것은 제12장에 제시될 앨리스(Alice)의 사례에서도 나타난다. 특히 독신 부모는 정서적 지지를 위해서 아이들에게 지나치게 의존적이다. 아이의 필요를 적절하게 주의해서 들을 수 없는 부모들은 그들의 정서적 결함에 빠지거나 혹은 배우자의 죽음, 이혼, 재정적 문제, 가족의 질병과 같은 외부적으로 강요된 환경에 의해 의식이 분산될 수 있다. 우울하고 마음이 산란한 부모의 아이들은 부모의 필요가 충족되자마자 부모는 아이를 돌볼 것이라는 희망을 가지고 자신이 돌보는 역할을 떠맡을 것이다.

강박적인 부양자들은 그들의 필요가 다른 사람들의 필요만큼 중요하지 않다는 것을 배운다. 다른 사람들을 즐겁게 하고 자신의 소원을 포기해야 한다고 교육을 받아왔기 때문에 그들의 종교적 실천은 자기 부정과 다른 사람들에 대한 봉사에 집중한다. 그러나 그들은 무의식적으로 그들의 비굴한 처지에 분노하기 때문에 그들의 부양(caregiving)은 해로운 양육과 다른 사람을 위한 성숙한 관심을 구별하는 순교자적 특성을 가지고 있다.

종교적 순교자들은 많은 이유 때문에 병리적으로 자기희생적이다. 자기 부정을 통해 그들은 도덕적인 우월감을 느끼며 관대하고 고상해진다. 다른 사람들에게 해로운 봉사는 또한 취약하지 않고 파괴될 수 없는 필요에서 비롯된 것이다. 다른 사람의 필요에 집중함으로써 강박적인 부양자들은 그들의 궁핍과 양육받고 싶은 열망을 부정한다. 동시에 그들은 겉치레적인 고통을 통해 억제된 의존의 소원을 만족시키려고 무의식적으로 노력한다. 종교적 순교자들은 만약 그들이 고통을 많이 겪는다면 다른 사람들이 그들을 동정하고 구할 것이라고 기대한다. 마지막으로 그들의 부양(caregiving)의 강력함과 질식시키는 특성은, 무분별한 도움을 주는 행위가 어린 시절의 실망에서 생긴 억압된 적대감의 배출구로서 사용될 수 있다는 것을 암시한다. 더구나 다른 사람이 보답하지 않을 때 순교자는 분노를 느끼며 학대를 받았다는 것을 정당화할 것이다.

모든 종교적 전통은 개인적 희생을 통한 다른 사람과 하나님에 대한 봉사를 격려한다. 모든 신앙의 성숙한 신자는 비이기적 사랑과 무소유적 기부에 의해 구별된다. 다른 사람에 대한 그들의 봉사는 무조건적이며 자기 스스로를 가득 채우는 일이다. 다른 한편으로 영적 순교자들은 찬사와 감사를 위한 그들의 필요를 충족시키기 위해 거룩한 것(saintliness)을 사용한다. 그들의 부양이 인정받지 못하거나 보답받지 못할 때 그들은 비통해하고 환멸을 느낀다. 하나님과 종교적 공동체와의 관계에서 비이기적이고 강한 아이의 역할을 재연하도록 강요받기 때문에 영적 순교자들은 만성적으로 고갈되어 있고 분노에 차 있다.

영적 개혁운동가

"형제의 눈 속에 있는 티는 보고 자신의 눈 속에 있는 들보는 깨닫지 못하는"(마7:3) 영적 개혁운동가는 교리적 종교성의 더 적대적 형태를 간략하게 보여 준다. 성적이며 저항하는 충동과 함께 느끼는 불안은 다른 사람의 "죄들"에 주의를 집중함으로써 관리된다. 개혁운동가들은 결함과 한계에 대해 자신을 호되게 책망하는 대신에 자기 멸시를 외면화하고(externalize) 그들이 스스로 중오하는 약점들을 다른 사람 안에서 경멸한다. 다른 사람들의 무분별을 경멸하는 것은 또한 그들의 헐뜯고 너그럽지 못한 부모를 향한 분노를 옮겨 놓는 수단이다.

주장을 내세우지 못하고 정서적으로 억제된 다른 교리적 유형들과는 대조적으로, 개혁운동가들은 열심이 있고 분개한다. 사회적 악을 말살하고 싶은 그들의 망상(obsession)은 타락할 수 있는 그들의 취약성을 인정하는 것에 대한 방어이다. 부가해서 사회적 무도덕성을 저주함으로써 싸우기 좋아하는 신자들은 죄책감 없이 적대감을 발산하고 도덕적으로 우월감을 느낄 수 있다. 추문에의 몰입을 통해, 더 공격적인 교리주의자는 존경스럽고 타락할 수 없는 종교적 봉사자라는 위장 아래서 스스로 강요한 도덕적 억제들에 무의식적으로 반항한다.

　　영적 개혁운동가들은 또한 다른 사람들을 그들의 종교적 신념으로 단호히 개종시키려고 한다. 너그럽지 못한 종교적 광신주의자들은 정신분석자들이 "공격자와의 동일시"라고 부르는 정서적 방어를 나타내 보인다. 어떤 아이들은 은혜를 베푸는 듯이 구는 부모와 동일시함으로써 그 부모에 의해 멸시받는 느낌으로부터 자신을 보호하는데, 그렇게 함으로써 그들도 너그럽지 못하고 비판적이 된다. 공격적인 개종시키기를 통해 개혁운동가들은 그들이 도도한 부모에게 무의식적으로 품고 있었던 분노를 종교적 차이점을 가진 사람들에게로 옮긴다. 이념적 차이점들이 확실성을 위한 그들의 필요를 위협하는 의심의 감정을 불러일으키기 때문에, 광신자들은 다른 믿음을 가진 사람들에 대해 너그럽지 못하다.

　　성숙하고 영적으로 헌신적인 많은 사람은 합법적으로 폭력과 비도덕성을 반대하고, 사회적 개혁주의를 통해 개혁을 추구한다. 개혁운동가들은 그들의 지나친 열정, 무감각과 극단적인 불관용에 의해 사회적 이상에 진정으로 헌신하는 사람들과 구별된다.

영적 지성인

이 범주의 개인들은 종교적 이념과 개념에 지적으로 이끌리지만, 그러나 그들의 신앙은 정서적으로 궁핍하고 비헌신적이다. 신학적 혹은 종교적 연구에 습관적으로 몰입하기 때문에 영적 지성인들은 아주 내성적이며 사회적 원인 혹은 다른 사람을 위한 봉사에 대해 상대적으로 관심이 없다. 그들은 지성화(intellectualization)와 정서적 분리를 통해 신경증적 두려움을 극복한다.

피상적으로 지성인들은 종교적 지식을 양심적으로 추구함에 있어서 율법주의자들을 닮아 있다. 그러나 율법주의자들은 도덕적 실수를 가로막기 위해 근면하게 연구하는 반면에, 지적인 성향을 가진 사람들은 율법대로 사는 것보다 그것을 아는 것에 더 관심이 많다.

도덕적 의로움을 주장하는 대신에 그들은 지적인 탁월성을 보임으로써 자존감을 세운다. 다른 교리적 유형들에게 고통을 주는 양심의 강직함을 두려워하지 않기 때문에 영적 지성인들은 더 거만하고 자기 확신에 차 있는 것 같다.

신앙의 다른 유형들과 마찬가지로 영적 지성주의도 어린 시절의 경험에 뿌리를 두고 있다. 많은 권위주의적인 부모는 아이들의 지적 성취에 의해 자기도취적으로 만족을 얻는다. 총명한 아이들은 지나친 성취주의자들이 됨으로써 부모의 긍정을 요구할 수 있다. 그들의 지적 능력 때문에 인정을 받았던 아이들은 보람을 느끼기 위해 학문적 성공을 얻도록 강요당하는 어른이 된다. 지적 인정을 위한 이 강박적 필요는 그들의 종교적 실천 쪽으로 옮겨진다.

은둔적 유형들의 예외도 있지만, 영적 지성인들은 인간 상호간의 강한 애착을 가장 덜 가지고 있는 것 같다. 그들의 무관심과 냉정함은 율법주의자들의 양심의 가책, 순교자들의 소심함, 그리고 개혁운동가들의 열심과 날카로운 대조를 이룬다. 그러나 그들의 고요한 외면은 깊이 억압된 갈등을 거짓으로 나타낸다. 부모의 소원에 순응하지만 그 기대에 반역하려는 강한 갈등적 충동이 지적 유형에서 견딜 수 없는 긴장을 창조한다.

이 범주의 개인들은 또한 정서적 친밀감의 갈망과 애착의 두려움 사이에 붙잡혀 있다. 그들은 애정을 수용하는 것이 부모의 덕성의 계발(edification)을 위해 자기 발달을 저지당하는 것과 마찬가지라는 것을 배웠다. 그들의 개인성을 기꺼이 포기하지 못했기 때문에 그들은 사랑을 위한 필요를 부정하고 그들의 독립심을 보호한다. 여전히 하나님의 개념이 흥미를 끈다는 사실은 하나님과 다른 사람들에 대한 애착의 필요가 전적으로 억압된 것이 아니라는 것을 암시한다. 종교적 이념들에 대한 그들의 매혹은 그들을 초월적 이상들과 피상적으로 결속을 유지하도록 하는 동시에, 비판적이고 압도적인 분으로 기대된 하나님을 만나는 것으로부터 그들을 보호한다. 다른 사람들의 종교적 경험을 실은 글들을 읽음으로써 영적 지성인들은 하나님과 대리적인 관계를 가진다. 그러나 그들의 감정은 여기에 접근할 수 없기 때문에 그들은 다른 사람들과 하나님으로부터 분리되어 있다는 것을 느낀다.

영적 은둔자

영적 은둔자는 교리적 유형들 중에 가장 소외되어 있고 움츠러든 유형이다. 이 유형에 속한 대부분의 사람이 잔인하게 잘못된 취급을 받은 것은 아닐지라도, 그들은 자신의 자신감과 주도권을 심각하게 저해하는 무자비한 비판과 혹독한 훈련을 참았다. 가장 작은 비난을 통해 자존감의 파국적인 상실을 겪었기 때문에, 그들은 사람들과 연관된 받아들일 수 없는 불안을 회피하고 하나님과 배타적인 관계를 정립함으로써 그들의 정서적 필요를 충족시키려고 시도한다. 여자 수도회들, 수도원들과 종교적 교제들은 안전한 천국을 구하는 은둔적 유형들을 끌어당긴다.

이 범주의 개인들과 종교적 혹은 영적 은둔지에서 고독을 추구하는 영적으로 헌신적인 사람들 사이에 분명한 차이들이 있다. 일정 기간 동안의 은둔 생활과 고요함을 통해 많은 사람이 영적으로 갱신되고 교화된다. 가끔 물러나서 내면을 지향하는 사람들은 갱신된 활력과 심리영적 인식을 가지고 이전의 헌신으로 되돌아간다. 다른 한편으로 영적 은둔자들은 그들의 책임감과 의무를 영원히 철회한다. 영적 은둔자들은 그들의 필요를 최소한 억제함으로써 자신이 상처를 받지 않거나 실망당하지 않을 것이라고 안도한다.

    이 유형은 성적 혹은 적대적 충동들을 가장 잘 관리할 수 없고, 사회적 상황 안에서 자신을 잘 방어할 수 없다. 안과 밖으로부터 위협을 느끼면서 다른 사람들과의 애정 있는 결속이 결여되어 있기 때문에 이 "신에 미친(theopathic)" 개인들은 "모든 다른 실제적인 인간적 관심을 배제하고서라도 하나님의 사랑에 상상적인 몰입을 하는 가운데" 위안을 발견한다.[6] 그들의 애정의 갈망이 굴욕과 거절을 가져올 것이라고 확신하기 때문에, 그들은 특별한 이유를 위해 하나님에 의해 선택되었다고 상상함으로써 심인적 고통에서부터 자신을 보호하고 자존감을 높인다. 그러나 이 과정에서 이 영적 유형들은 하나님을 "아첨 외에는 모든 것에 무관심하고 개인적으로 좋아하는 사람들을 위한 편파적인 사랑(partiality)이 가득 찬" 천박한 어린아이 같은 인물로 바꾼다.[7]

    영적 은둔자들은 동정을 지키고(celibate) 하나님을 그들의 헌신의 유일한 대상으로 여기면서 성적인 관심을 억압한다. 그러나 그들의 헌신의 몹시 감상적이고 순진한 특성

---

6) James, Varieties, 343.
7) Ibid., 346.

은 인위적인 조화를 창조하기 위해 그들이 종교를 사용한다는 것을 보인다. 비슷하게 그들은 모든 반역적이고 반대적인 충동을 가라앉힌다. 공격적인 감정들은 영적 은둔자들로 하여금 자학적인 금욕적 실천들 혹은 해로운 의례들을 억지로 행하도록 하는 자기 경멸의 응어리 주위에 응집되어 있다. 자기를 고문하는 고행 혹은 강박적인 의례들은 인간의 약점을 대속하기 위해, 그리고 하나님의 왕국에서 특별한 위치를 얻기 위해 사용된다. 더구나 망상적-강박적인 몰입 때문에 그들은 수용할 수 없는 생각과 충동과 애정에 대한 깊은 열망에 주의를 집중하지 못한다.

더 심각하게 누적되는 외상 때문에 이 유형은 제2단계의 개인들 중에서 심리적으로 가장 덜 통합되어 있고 정서적으로 가장 덜 안정적이다. 하나님을 불변의 대상으로 여기고 강한 억압 장벽을 세울 수 있는 그들의 능력 때문에 그들은 자기소멸적인 자기중심적인 사람들과 구별된다. 영적 은둔자는 진정한 영적 이상을 섬기기 위해 활발하게 사는 대신에 수동적으로 자기도취적 경건에 빠진다.

자기중심적 신앙 대 교리적 신앙

자기중심적 단계와 교리적 단계는 공통적인 특징들을 가지고 있기 때문에 더 많은 설명이 필요하다. 특히 그들의 주도권과 개인성을 손상시키는 부모 양육의 결과로서, 제1

단계와 제2단계의 사람들은 완벽주의적이고 이상적인 자기를 얻기 위해 애쓴다. 그러나 이 유사점에도 불구하고 부모-아이의 상호 관계 안의 특성 있는 차이들로 인해 매우 구체적인 심리적 역동성이 이 두 가지 유형을 분화시킨다. 이것들은 8.1 도표에서 요약된다.

제1단계의 사람들은 그들의 부모의 격노와 환멸 때문에 희생양이 된 사람들이다. 반복해서 비난받고 조롱을 받았기 때문에 이 사람들은 가치 없음과 자기 경멸을 느낀다. 자기중심적 사람의 변덕스럽고 혼란스러운 가족과는 선명하게 대조적으로, 권위주의적인 부모들은 더 현명하고 예측 가능하다. 지나치게 통제적인 부모들은 엄격하고 비타협적인 경향이 있다 할지라도 일반적으로 불가능한 요구를 하거나 잔인하게 아이들에게 모욕을 주지 않는다. 따라서 권위주의적 가정에서 성장했던 사람들을 오염시키는 자기 불만족은 어느 정도의 자기 수용에 의해 희석된다.

자기중심적 사람들은 외상적으로(traumatically) 그리고 끈질기게 사소하게 취급받거나 무시를 당했기 때문에, 그들은 패배를 느끼고 사기가 저하되어 있으며 자신의 통제를 넘어선 운명적인 힘의 처분에 따라 삶을 산다. 그들의 부서지기 쉬운 체면들(facades)과 과대적인 환상들(grandiose fantasies) 때문에 그들은 자기 증오의 해로운 응어리에 의해 끊임없이 위협을 당하는 위험한 균형을 유지할 수 있다. 그들의 현실의 능력과 특이한 사람이 되려는 필요 사이의 두

드러진 불균형으로 인해, 그들은 적극적인 정체성을 형성하기 위한 그들의 천부적 재능을 사용할 수 없다. 자신의 정서적 결함과 무기력을 보완하기 위해 종교적으로 자기중심적 사람은, 하나님 혹은 이상화된 종교적 지도자들과 공생적 애착을 통해 전능함을 추구하거나 혹은 마술적 동일시를 추구한다.

도표8.1   제1단계와 제2단계의 개인들의 심리적 차이들

자기중심적	교리적
필요 충족에 의해 지배되며, 편안과 위로를 구함.	일치와 순응을 통해 보상을 구함.
결함이 있는 초자아, 이질적인 도덕성	억압적인 초자아, 상호 관계의 도덕성
정감적 불안정성, 충동적임.	정서적으로 억압됨, 강박적임.
자기의 응집력이 결핍됨. 자기와 타자들 사이의 불분명한 경계선들	비교적 안전한 핵적인 자기
다른 사람들을 지각하는 데 급격한 변화를 보임.	충분한 대상항상성을 성취함.
그들의 필요과 소원에 전연 잘못 없이 동조하는 대리부모와의 융합을 시도함.	다른 사람들이 주도권의 독립적인 중심을 가지고 있다는 것을 수용함. 친밀감을 두려워하면서도 요구함.
대상 상실, 굴욕과 보복을 두려워함.	불승인과 사랑의 상실을 두려워함.

다른 한편으로 거친 훈련을 일관된 양육과 우발적인 강화(contingent reinforcement)와 혼합시킴으로써, 권위주의적 부모의 아이들은 적당히 본래의 핵적인 자기(intact nuclear self)를 발전시킬 수 있다. 그들의 자기 불만족은 내적인 자존감과 공존한다. 자기중심적인 사람과는 구별되게 교리적으로 종교적인 사람은 (전능이 아닌) 자기 능력을 느끼기 위해 세심하고 (공생적으로 융합되지 않고) 수용적이다. 그들은 긍정과 애정이 적당한 행동에 달려 있다고 배웠다. 그 결과 그들의 이상적 자기(ideal self)는 부모를 기쁘게 했고, 이제는 하나님을 즐겁게 하려고 그들이 가정하는 개인적인 특징들과 열망들 주위에 자리를 잡는다. 문제는 교리적인 사람의 기대가 아주 높다는 것이 아니라 그들이 너무 엄격하다는 것이다. 성숙한 변화 혹은 생활환경을 통해 그들이 자신과 다른 사람들에게 더 많이 너그러워질 때 그들은 더 성숙한 신앙에의 전환을 시작한다.

chapter **09**

교리적 내담자의 심리치료

제9장
교리적 내담자의 심리치료

다음의 목록은 제2단계의 개인들에 공통적인 특징들이다.

- 지나치게 양심적임.
- 완벽주의적임.
- 강박적인 종교적 행동
- 극단적인 불관용
- 하나님을 심판하는 까다로운 분으로 지각함.
- 종교적 권위에 부착된 신앙
- 순응주의자의 정체성(conformist identity)
- 강력한 죄책감
- 종교적 환상주의
- 도덕적 탁월성의 태도
- 성적이며 정서적 친밀감을 두려워함.
- 죄에 초점을 둔 종교성

내담자와 치료사의 종교적 차이들

모든 영적 유형 중에서 내담자와 치료사의 종교적 차이는 교리적인 사람에게 가장 문제가 되는 경향이 있다. 그러나 재치 있게 그리고 비심판적으로 처리한다면 종교적 차이들은 긍정적인 치료적 관계를 정립하는 데 극복할 수 없는 방해물이 될 필요가 없다. 내담자의 정서적 생활의 다른 단면들과 마찬가지로, 치료사의 신앙에 관한 그/녀의 감정은 검토되고 탐색될 필요가 있다.

강한 종교적 신념을 가진 내담자들은 치료의 초기 단계에서 치료사의 종교적 선호에 관해 묻는다는 것이 나의 경험이다. 모호한 답변은 내담자의 불안을 높이고 때 아닌 종결을 초래할 수 있다. 나는 직접적인 반응을 주고 내담자의 반응과 관심을 탐색하는 것이 가장 도움이 된다는 것을 발견한다.

항상 내담자의 초기의 관심은 치료사가 그/녀의 신앙을 손상할 것이라는 것이다. 이 두려움은 치료사가 비종교적이면 특히 더 눈에 띈다. 어떤 권위주의적 종교적 그룹의 종교적 교육은 심리적 방법의 의심을 촉진시키기 때문에 교리적 내담자들은 그들의 영적 관심이 진지하게 다루어질 것이라고 쉽게 확신할 수 없다. 문제가 복잡해져서 오해당할 것에 대한 그들의 두려움은 확실성을 위한 그들의 과도한 필요와 차이에 대한 옹졸함과 뒤엉켜 있다.

치료사는 모든 치료적 탐색의 기저에 있는 똑같은 수용적이고 비방어적 태도로 영적 차이들에 관한 내담자의 감정을 부드럽게 조사해야 한다. 다른 신념들에 관용을 내보이는, 도움을 베푸는 사람들은 다양성이 위험하고 위협적이라는 내담자의 가정에 도전한다.

내담자들은 종교적 신념 때문에 심판받거나 핍박받았던 이전의 경험들에 관해 말할 수 있도록 격려되어야 한다. 내담자의 종교적 감수성에 대해 적대적이라고 지각되어진 치료사들과의 만남의 노출은 진지하게 취급되어야 하고 철저하게 탐색되어야 한다. 세속적인 치료사들은 종교적 차별의 모든 보고가 내담자의 투사라고 가정해서는 안 된다. 다른 한편으로 종교적 치료사들은 내담자의 관찰을 액면 그대로 받아들일 수 있고 그들의 심리적 의미들을 간과할 수 있다.

치료적 동맹이 굳건하게 정립된 후에 종교적 차이의 문제는 가라앉는다. 그러나 다른 사람들에게 치료사의 신앙에 관한 관심 혹은 신앙의 결핍은 중심적인 문제로 떠오를 수 있다. 치료사의 영적 생활에 대한 몰입은 처리되고 결국 해석될 필요가 있는 강한 전이(transference)를 넌지시 알려 준다.

회심의 노력들

다른 신앙의 사람들은 교리적인 사람의 확실성을 위

한 필요를 위협한다. 제2단계의 개인들은 영적 철학의 올바름을 증명하려고 시도함으로써 그들의 의심과 불확실에 대해 방어한다. 개종을 격려하는 종교적 그룹에 가입된 교리적 사람은 치료사를 회심시키려고 시도할 수 있다.

회심의 시도들은 애매함(ambiguity)에 대한 일반적인 참지 못함을 반영할 뿐만 아니라, 은밀한 정서적 갈등의 실마리를 제공하는 재연들(reenactments)을 묘사할 수 있다. 복음을 믿는 내담자들과 신학적 토론에 끌리게 되는 치료사들은, 더 깊은 자기 탐색에 대한 그들의 저항과 공모하고 자기 발견을 증진시키려는 지극히 중대한 기회들을 놓친다. 내담자의 강제적인 노력에 저항하는 대신에, 치료사는 종교적 언어를 통해 전달된 무의식적 개념과 동기를 이해하려고 시도해야 한다. 각 개인이 독특한 임상적 윤곽(profile)을 제시할지라도 확실한 역동성들은 각각 다섯 가지의 교리적 유형을 예시한다.

영적 개혁운동가들(crusaders)은 "다른 사람들은 죄가 더 많다"라는 견해를 가지고 행동한다. 그들의 광신주의나 그들이 옹졸함과 논쟁하는 것을 좋아하는 태도는 인본주의적 주된 원리들에 대한 치료사의 충성과 아주 대조를 이룬다. 이 철학적 차이는 치료 관계에서 의미 있는 긴장을 강조하고 창조할 개업의의 능력을 긴장시킨다. 광적인 내담자가 불러일으킨 적대적 역전이는 치료사도 내담자의 투사적 동일시(projective identification)의 영향력 아래에 있다는 표시일 수 있다. 투사적 동일시는 내담자가 그/녀의 편안하지 못한 감정을 치료사에게 맡길 때 일어난다. 참지 못하고 심판적인 부양자들과 동일시함으로써, 내담자는 사소하게 취급받고 긍정을 받지 못하는 것이 어떤 감정인가를 치료사에게 무의식적으로 전달한다. 빈틈없는 치료사는 그 경험의 재연에 이끌리는 대신에 내담자의 어린 시절의 경험을 공감적으로 이해하기 위하여 그녀의 부적당한 분노의 감정을 사용할 것이다.

다른 사람들이 그의 신념에 순응해야 한다는 그의 고집을 통해서, 교리적 개혁운동가는 그의 개인성을 손상시킨 부모에 대한 좌절을 무의식적으로 전달한다. 이 중심적인 역동성을 이해하지 못한 치료사는 내담자의 신학적인 희롱에 의해 치료적 과업에서 주의를 딴 데로 돌릴 수 있고, 부모와 아이의 상호작용의 가학-자학적 특성을 되풀이하는 전이-역전이 안에 갇힐 수 있다.

영적 율법주의자(legalist)는 다른 사람들을 더 죄가 많다고 이해하기보다는 "덜 의롭다고" 이해하는 망상적-강박적(obsessive-compulsive) 유형이다. 인간관계의 태도 안에 있는 이 차이는 의미론적인 것 이상의 것이며, 방어기제들의 사용에서 중요한 구별을 가리키고 있다. 개혁운동가는 외부적으로 집중되어 있고 투사를 사용한다. 그는 비판적인 부모와 동일시하고 다른 사람들이 완벽하기를 기대한다. 이와는 대조적으로 율법주의자는 내부적으로 집중되어 있고 비판적인 부모의 소리를 내사한다(introject). 그는 스스로 흠이 없기를 기대하고, 완전한 아이에 대한 부모의 소원에 순응하여 도덕적으로 죄를 범하는 일이 없다. 종교적 차이가 참을 수 없는 불확실성을 깨닫게 하기 때문에 율법주의자는 주로 의심을 방어하기 위해 개종한다. 그는 치료사의 구원보다는 그의 종교적 신념과 영적 가치의 올바름을 스스로 확신하는 것에 더 관심을 가지고 있다.

부가해서 율법주의자는 다른 사람들로부터 인정받는 것에 매우 의존한다. 새로운 개종자를 구하고 "증언"을 강조하는 종교적 그룹에 속한 사람들은 치료사를 가입하도록 설득함으로써 그들의 신앙 공동체의 인정을 얻으려고 시도할 수 있다.

자신을 희생해서라도 부양자가 되도록 길들여져 있기 때문에, 영적 순교자들은 치료사의 영적 생활에 책임을 느낀다. 그러나 다른 사람을 위한 관심은 분노의 강한 감정과 혼합되어 있고, 평가받고 확인받을 필요가 있기 때문에 회심의 노력에는 자기 연민이 섞여 있다. "다른 사람들은 감사할 줄 모른다"라는 그들의 견해 때문에 그들은 주의가 산만하여 상처받기 쉽고 궁핍해진다. 그들의 더 깊은 동기를 탐색하지 않고 그들의 개종시키려는 노력을 거절한 치료사들은 결탁하여 그들의 자학적 태도를 지지한다.

영적 지성인들(intellectuals)은 치료사가 그들의 신앙을 받아들이도록 납득시키는 것보다, 그들이 가지고 있는 종교의 지식으로 치료사에게 인상을 주려는 것에 더 관심이 있다. "다른 사람은 교화되지 않는다"라는 그들의 견해 때문에 그들은 친밀한 관계를 피하고 우월감을 느낀다. 그들은 다른 종교들에 관해 많은 지식을 가지고 있을지라도, 그러나 다른 믿음들을 자기 확증의 개인적 신앙으로 창조적으로 동화시키지 못한다.

"다른 사람들은 영적으로 열등하다"고 믿음으로 말미암아 영적 은둔자들(recluses)은 내적인 부적절과 무가치함을 감춘다. 이 개인들은 하나님과 배타적인 관계를 함양하는 데 더 관심이 있고, 치료사에게 그들의 영적 철학을 강요하는 것을 가장 좋아하지 않는 것 같다.

교리적 내담자들은 영적 문제의 심리적 해석에 가장 저항적이다. 그러므로 치료사는 그들의 영적 성향의 건강한 측면의 진정한 평가를 전달해야 한다. 그녀는 시간을 내어 내담자의 신앙에 관한 지식을 가져야 한다. 이 노력으로 인해 치료적 결속은 강화될 뿐만 아니라, 개업의는 내담자의 종교적 이념 안의 왜곡과 그것의 더 건강한 구성요소를 구별할 수 있다.

치료사가 내담자의 심리영적 기능에 대한 어떤 이해력을 가지고 있다는 자신감을 가진 후에 수행해야 할 과업은, 내담자가 그의 내적 세계에 관해 호기심을 가지도록 돕는 것이다. 치료사는 그들이 똑같은 신념을 가지고 있다는 것이 내담자에게 왜 중요한지를 궁금해하면서 호기심을 유발할 수 있다. 인내심과 노련한 탐색 능력을 가지면, 이 연구는 항상 풍성한 자기 발견을 가져올 것이다.

분노와 성(sexuality)

권위주의적 부모는 특히 자녀들의 성과 고집 때문에 위협을 당한다. 신경증적 두려움을 지지하기 위해 종교를 사용하는 사람들은 그들의 아이들 속에 똑같은 두려움을 일으킨다. 음란하고 공격적인 감정의 위험에 관한 부모와 종교적 교육가들의 극적이며 과장된 경고들은 아이의 건강한 정서적 표현의 발달을 위태롭게 한다.

"네 오른편 뺨을 치거든 왼편도 돌려 대며(마 5:39)"라는 종교적 명령의 잘못된 사용은 다른 사람들이 그들을 이용하도록 허용하는 아첨하는 개인들을 만든다. 종교적 치료사들은 그와 같은 명령들이 복수심이 넘치는 보복에 대한 경고이며, 합법적인 권리의 정상적 주장 혹은 실망감의 적절한 표현을 단념시키는 것은 아니라는 것을 교리적인 사람들에게 상기시켜 주어야 한다.

교리적인 사람들은 순종하면 보상을 받기 때문에 치료적 관계에서 지나치게 친절할 수 있다. 취소되거나 재조정된 약속 혹은 정확하지 못한 해석에 대한 그들의 조바심을 인식하도록 돕는 것은 더 주장하는 행동을 증진시키는 첫걸음이 될 수 있다. 부가해서 치료사는 공손한 내담자들이 그의 비주장하는 태도에 수반되는 비합리적인 두려움을 인정하도록 도울 수 있다. 예를 들면 지나치게 불평하는 내담자는 치료사의 불승인을 두려워하면서, 그가 치료사를 달래지 못한다면 그의 치료는 종결될 것이라고 믿거나 혹은 치료사가 반대하는 의견을 참지 못할 것이라고 기대할 수 있다. 영적 순교자는 취소에 분노하거나 변화의 시기를 예정할 수 있지만, 자신의 필요와 욕망을 고려하는 것이 이기적이라고 느낄 수 있다. 수용적인 치료사와 이러한 감정들을 탐색함으로써 내담자는 자기주장을 더 펼 수 있도록 허락을 얻을 뿐만 아니라, 이 신경증적 두려움의 어린 시절의 뿌리를 발견할 수 있다. 그의 어린 시절의 공범 관계(complicity)를 자기부정의 미덕에 대해 가르침을 받았던 기억들 혹은 그의 개인성을 주장하는 것에 대해 비난을 받은 기억들과 관련시켜 생각한다.

교리적인 사람들은 그들이 차분하도록 길들여져 있기 때문에, 뿐만 아니라 무의식적으로 초기의 자기 개성을 키워주지 못한 부모의 실패에 대해 깊은 분노를 마음에 품고 있기 때문에 정서적 고요함을 가치 있게 여긴다. 부모의 야망에의 순종이 종교적 교리를 통해 가끔 지지를 받는다는 사실은, 강한 종교적 감수성을 가진 내담자에게 훨씬 더 위협적인 부모의 권위에 도전하려는 무의식적 소원을 만든다. 그러나 교리적인 사람들은 제1단계의 사람들을 특징짓는 끓어오르는 분노에 의해 소모되지 않기 때문에, 그리고 그들의 분노는 자기중심적인 사람의 보복 혹은 유기의 두려움과 관련이 없기 때문에 그들의 분노 공포증(anger phobia)은 수용적인 치료적 환경을 통해 점진적으로 감소될 것이다.

성(sexuality)은 교리적으로 종교적인 내담자들에게 다른 문제를 일으키는 분야를 구성한다. 부모와 종교적 교육가들에게 들은 성에 관한 해를 가하는 메시지들은 개인의 성적 즐거움의 내적인 방해 요인이 된다. 개인이 결혼 밤까지 모든 성적 생각, 환상과 감정을 억압하다가, 그 다음 갑자기 열정적인 성의 파트너(partner)가 된다는 것을 상상하는 것은 합리적이지 않다.

교리적인 종교인들은 성적 문제에 대해 죄책감과 당황스러움을 경험한다. 그러므로 치료사들은 강한 치료적 결속이 정립될 때까지 내담자의 성적 환상들 혹은 행동들을 깊이 탐색해서는 안 된다. 그들의 성적 관심에 대한 어린 시절의 뿌리를 탐색하기 전에, 치료사들은 내담자를 재교육하고 그들의 성적 감정을 정상화할 필요가 있다. 특히 치료사들은 자위행위, 오랄 섹스, 오르가즘과 성적 환상에 관한 신화들을 추방할 필요가 있다. 교리적인 사람들, 특히 근본주의 기독교 신앙의 배경을 가진 사람들에 대한 나의 경험을 통해 볼 때, 그들은 감정과 행동을 혼동하고 있다. 그들은 배우자가 아닌 다른 사람에 관해 성적 감정 혹은 환상을 가지는 것은 간음을 저지르는 것과 같다는 결론을 내린다.

어떤 교리주의자들은 모든 성적 감정에 마음이 편안

하지 못하고, 심지어 부부의 성에 관해서도 죄책감을 느낀다. 이 내담자들은 그들의 부모로부터의 분리불안 때문에 성적인 성인이 되는 것을 무의식적으로 두려워할 수 있다. 사랑의 배우자를 위해 부모를 포기하는 데서 비롯된 죄책감이 성적이며 정서적인 친밀감의 교리적 두려움 밑에 숨어 있을 수 있다. 널리 퍼져 있는 만성적인 성적 불안 혹은 억제(inhibitions)는 강한 해결하지 못한 또한 오디푸스적 갈등(Oedipal conflicts)에서 나올 수 있다.

빈약한 자존감이 또한 성적 쾌락을 방해할 수 있다. 스스로 나쁘다고 느끼는 사람들은 다른 사람들이 그들을 성적인 대상으로 여기는 것을 믿는 데 어려움을 가진다. 부적절의 감정이 권위주의적 종교적 배경을 가진 사람들 사이에 팽배하기 때문에, 많은 사람들이 긍정적인 성적 정체성을 발전시키는 데 실패하는 것은 놀라운 일이 아니다.

교리적 내담자들은 개인적 생각과 감정, 특히 그들이 가장 취약하다고 느끼는 것들에 관해 말하는 것을 몹시 고통스럽다고 여길 수 있다. 그들은 부모가 과거에 했던 것만큼 거칠게 치료사가 그들을 비판할 것이라고 가정한다. 그러므로 무조건적 수용이 이러한 내담자들과의 치료적 동맹을 유지하는 데 결정적이다. 대부분의 치료사가 무비판적일지라도, 세속적인 치료사들은 강한 종교적 신념을 가진 내담자들을 향해 심판적인 태도를 의도 없이 전달할 수 있다. 특히 그들은 성적 가치의 차이와 성적 억제를 동등하게 여기는 것을 경계해야 한다. 결혼할 때까지 성관계를 가지지 않고 기다리는 결단이 필연적으로 성적 억압을 나타내는 것은 아니다. 결혼 생활에서 성에 만족하는 것은 건강한 성적 태도에 달려 있지 결혼 이전의 성경험 횟수에 달려 있지 않다. 그의 정서적 갈등이 원만하게 해결된 후 내담자가 종교적 이유 때문에 성적 만족을 지연할 의식적인 선택을 한다면, 치료사는 이 결단을 존경하고 내담자를 해방시키려는 유혹을 저지해야 한다.

정서적 갈등의 해결을 통해 교리적 내담자들은 더 자발스럽게 되어야 한다. 분석적 작업에 부수적인 것으로, 기분전환(relaxation) 혹은 명상 기술과 자기주장 훈련은 이 내담자들이 정서적으로 덜 억제되도록 도울 수 있다. "신앙요인"(faith factor)을 깊은 기분전환의 상태를 성취하는 방법에 통합시킨 허브트 밴슨(Herbert Benson)의 『기분전환의 반응을 넘어서』(Beyond the Relaxation Response), 그리고 미카일 에몬즈(Michael Emmons)와 다비드 리차드선(David Richardson)의 『자기를 내세우는 크리스천』(The Assertive Christian)은 종교적 내담자들과 함께 상담하기에 특히 적합한 두 가지 자원이다.

죄책감과 자기용서

교리주의자들은 신경증적 죄책감에 의해 고문당한다.

아이의 불완전에 대한 부모의 질책은 내재화되고 진실한 양심으로 변장한다. 어른으로서 그들은 억압적인 종교성이 그들의 근본적인 무능감과 공명을 이루기 때문에 권위주의적 종교적 그룹에 끌린다. 비판적인 하나님에 대한 교리적인 사람의 결속은 결코 충분히 선하지 못했던 어린 시절의 경험을 재창조한다.

권위주의적 부모의 아이들은 그들이 부모의 이상에 도달하는 데 실패하면 부모의 사랑을 잃게 될 것이라는 끊임없는 두려움을 가지고 산다. 이 불안을 완화하기 위해 아이들은 완전하려고 노력한다. 강한 종교적 감수성을 가진 사람들은 결국 이 역동성을 하나님과 그들의 관계로 옮긴다. 그 결과 그들은 종교적 교리의 상세한 것들에 순응하는 데 강박적이 된다. 교리주의자의 엄격한 초자아를 먼저 수정함이 없이 더 자기-용서적(self-forgiving) 태도를 강요하는 종교적 치료사들은, 내담자의 영적 실천에서 피상적인 변화들 이상의 것을 생산할 수 없다.

다른 한편으로 세속적인 치료사들은 죄, 회개와 속죄에 관한 이념에 대한 내담자의 영적 사고를 정화시키기를 바랄 수 있다. 그러나 하나님에게 책임을 다하는 감정과 속죄 의례에의 참여는 그 자체가 건강하지 못하거나 혹은 더 깊은 정서적 갈등을 암시하는 것은 아니다. 세속적인 치료사들은 내담자가 도덕적 위반에 대해 용서를 얻을 수 있는 이 종교적 통로들을 존경해야 한다. 이 영적 실천들은 그들이 자학적이고 자기를 응징할 때 혹은 그들이 꾸준히 죄책감을 개선하지 못할 때만 도전받아야 한다. 기도, 고백 혹은 정결 의례들을 통해 면죄되었다는 것을 느끼지 못하는 끈질긴 무능력은, 내담자의 초기 부모-자녀의 상호관계가 과도하게 죄책감을 생산하는 관계였다는 것을 암시한다.

억압적 초자아 안에 뿌리를 둔 신경증적 죄책감 외에 교리주의자들은 실존적 죄책감을 겪는다. 실존적 죄책감은 우리가 개인성을 억압하고 우리의 가능성을 성취하지 못할 때 일어나는 애매한 불안감이다. 비합리적이고 억압적인 신경증적 죄책감과는 달리, 실존적 죄책감은 억압된 필요를 일깨우고 성장을 가동시킨다. 그것은 표현하려고 노력하는 내적 자기의 돌출적인 의식(thrust)이다.

제2단계의 사람들은 부모에 의해 그들에게 부여된 역할과 자신을 너무 철저하게 동일시하기 때문에 그들의 내적 필요와 욕구로부터 단절되어 있다. 모본이 되는 어린아이들(model children)을 따라 자신을 다듬는 과정에서 그들은 스스로 작아진다. 우리는 교리주의자의 성적 자기(sexual self)가 어떻게 손상되는가를 이미 토론했다.

무의식적으로 혹은 아마 의식적으로 교리주의자는 그가 충분한 능력으로 기능하지 못한다는 것을 안다. 그는 개성화와 자기실현을 향한 개인의 내적인 적극적인 노력(inner thrust)이 좌절되었을 때 일어나는 자기 불만족을 느낀다. 실존적 죄책감의 감정과 불안은 성격의 건강한 중심 부분으로부터 나오는 조난 신호들(distress signals)이다.

그들의 삶을 마비시키는 죄책감을 넘어 성장하기 위해서 교리주의자들은 그들의 이상과 야망이 그들의 것이거나 혹은 하나님의 것이 아니고, 부모에 의해 그들에게 강요된 것이라는 사실을 먼저 직면해야 한다. 그들이 부모의 내사들(parental introjects)로부터 자신의 내적 확신들의 엉킨 것을 풀 때까지, 그들은 분리되어 있고 찢겨져 있다. 내담자는 그의 거만한 부모의 메시지에 너무 지나치게 동화되어 있기 때문에 그의 진실한 감정이 표면으로 떠오를 때까지 몇 달 혹은 심지어 몇 년이 걸릴 것이다. 인내와 노련한 탐색을 통해 그는 그의 죄책감이 부모의 합당하지 못한 요구들에 대해 자신을 면죄시키려는 그의 방법이라는 것을 결국 인정할 것이다.

비심판적인 치료사에 의해 수용되고 이해받는다는 내담자의 경험 때문에 그는 자신에게 더 인내하고 부드러울 수 있다. 그가 부모의 소원과 기대에 응하려는 강박관념에서 해방되면서, 그의 더 위대한 자기 관용은 하나님과의 관계 속에 반사된다. 부모의 행복에 대해 책임을 느끼는 부담에서부터 구출될 때, 그는 하나님이 그를 비난하고 비판한다고 생각하는 것을 중지한다. 그의 신앙의 위치는 더 동정심이 많고 남을 양육하는 경건으로 옮겨 간다. 이 내적 변형을 따르면서 그는 이전의 종교적 유대들을 포기하고 더 관용적인 종교적 공동체를 추구할 것 같다. 제13장의 초점인 패티(Patty)와의 작업은 더 상세하게 이 과정을 예증한다.

분리와 개인적 책임감

교리에 대한 지나친 의존은 개인적 책임감의 발달을 저해한다. 제1단계의 사람들이 의무와 책무를 수행하는 데 지나치게 양심적이기 때문에 지나치게 책임감을 가진 사람으로 보인다고 할지라도, 그들의 도덕적 추론을 더 치밀하게 분석해 보면(제8장) 그들은 발달적으로 진보된 결단하기(advanced decision-making)에 필수적인 비판적인 사고를 연기한다는 것을 알 수 있다.

치료사의 과업은 내담자가 외적 통제소재에서 내적 통제소재로 옮기도록 돕는 것이다. 비심판적인 탐색과 허용적인 치료적 환경을 통해 내담자는 그의 진정한 가치와 야망을 발견하기 위해 억압 장벽(repression barrier)을 통과할 수 있다. 처음에 이 자기발견은 신경증적 강박 현상들이 압박을 느슨하게 하면서 기분이 명랑해지고 해방감을 느낀다. 그러나 초기의 흥분 후에 느끼게 되는 부모의 가장 소중한 이상을 포기한 것에 대한 양심의 가책은, 그의 드러나는 자기 결단 안에 있는 교리주의자의 기쁨을 중단시킬 수 있다.

아마 제12장에 제시되는 앨리스(Alice)의 경우처럼, 과도기에 있는 교리주의자는 그가 가족의 전통과 정반대가 되는 결단을 내린다면 그의 가족으로부터 영원히 소외될 것에 대해 가장 두려워한다. 거절당할 것에 대한 이 두려움이, 교리주의자가 가족의 종교적 이상이 자신의 것이라는 환상을 고수하도록 하는 원초적인 무의식적 힘이다.

분리와 개성화에 대한 내담자의 두려움은 억압이 풀리고 의식적이 될 때 합리적으로 검토되고 도전받을 수 있다. 권위주의적 부모들이 강한 반대의 목소리를 내고 자신의 어린아이들의 선택에 대해 불승인의 인두를 지진다는 사실에도 불구하고, 대개의 경우 이 권위주의적 부모들은 가족의 전통을 벗어난 아이들과의 인연을 끊지 않는다. 내담자들이 다른 사람들로부터의 승인에 덜 의존하면서, 그들은 부모의 허가를 위해 그들의 개인성을 덜 기꺼이 희생한다. 그러나 내담자들은 독립성의 주장이 본래 가족의 균형을 전복할 것이라는 사실을 받아들일 준비를 해야 한다. 동시에 그들은 다른 사람들의 반응을 위한 책임감을 포기하도록 격려받을 수 있다.

내담자가 분노와 원한을 인정하고 해결함으로써 그가 부모를 무죄하다고 변명하는 수단으로서 죄책감을 더 이상 느낄 필요가 없을 때까지, 분리의 작업은 시작될 수 없다. 앨리스(Alice)와 패티(Patty)와의 임상적 작업은 분노에 찬 내적 아이를 치유함으로써, 그들이 자신의 행동들을 정당화하거나 혹은 합리화하지 않고도 어떻게 부모의 한계들을 수용할 수 있는가를 예시한다. 기꺼이 그들의 부모의 실패를 용서하면서도 그들은 부모의 너그럽지 못함으로 인해 협박당하는 것을 거절한다. 이 여성들은 고분고분한 아이의 역할을 포기하고 그들의 부모를 어른으로 대해야 한다는 것을 강조한다. 재조정의 고통스러운 기간 후에 그들은 분리가 단절을 의미하지 않는다는 것을 배웠다.

내담자들은 분리의 과정을 시작하면서 심리영적 발달의 과도기에 들어간다. 이 단계에서 내담자들은 비굴한 두려움을 대신하여 개인적이고 도덕적인 책임감을 가진다.

chapter **10**

제3단계: 과도기적 신앙

제10장
제3단계: 과도기적 신앙

발달의 정상적 과정 동안 다른 발달적 변화들과 평행을 이루는 주요한 과도기들이 대부분의 청소년과 젊은 어른의 영적 생활에서 일어난다. 이 변화들 중에 의미심장한 것은 도덕적 추론에서의 진보다. 건강한 청소년은 상호 이익(reciprocity)의 윤리에서 "상호 인간간의 관계들"(mutual interpersonal relations)의 도덕성으로 진보한다.[1] 청소년의 지적 발달이 그들의 세련된 도덕적 추론에 이바지할지라도, 성숙한 도덕적 결단을 내리기 위해서는 지성만으로는 불충분하다. 인지적 성장 외에 건강한 심리적 가치관은 도덕적이고 영적인 발달을 위해 필수적이다.

의미심장한 내적 갈등의 결과로서, 제1단계와 제2단계

---

1) James Fowler, *Stages of Faith: The Psychology of Human Development and the Quest for Meaning* (San Francisco: Harper & Row, 1981)의 제10장을 보라.

의 개인들은 그들의 도덕적 판단에서 궁핍하다. 자기중심적 사람은 처벌을 피하기 위해 도덕적으로 행동하고, 교리적인 사람은 동등한 취급을 받기 위해 우아하게 행동한다. 자학적 성향을 가진 교리주의자들은 다른 사람들 혹은 하나님께 봉사하기 위해 그들의 필요를 부정하도록 도덕적으로 강요당한다. 그러나 강박적인 자기부정은 자신과 다른 사람에게 해를 끼친다. 상호의존적인 사람들은 스스로 고갈될 뿐만 아니라 다른 사람들이 책임감이 없이 남을 학대하도록 할 수 있다. 더구나 강박적인 부양자들은 다른 사람을 위한 성숙한 관심으로 인해 희생하는 것이 아니라, 그들이 사랑이 많고 동정적이라는 이상적인 이미지를 유지함에 있어서 굉장히 위태롭기 때문에 희생한다. 무의식적으로 순교자들은 도덕적으로 우월하다는 것을 느끼기 위해 고통을 겪는다.

  인간간의 상호 관계의 도덕성은 더 건강한 초자아의 지배를 받는다. 자기 가치의 고유한 감각을 경험한 사람들은 다른 사람들의 필요에 대해 더 큰 감수성을 가진다. 그들은 다른 사람들이 그들만큼 똑같은 권리와 특권을 받을 자격이 있다고 식별하기 때문에 도덕적으로 행동한다. 자기이익적인 관점에서 다른 사람의 필요를 고려하는 초기 단계들의 사람들과는 다르게, 제3단계의 개인들은 상상적으로 다른 사람의 입장이 될 수 있고, 진실한 동정심과 성숙한 관심을 경험할 수 있다.

  영적 발달의 과도기에 있는 사람들은 초기의 단계들

의 사람들보다 더 진보된 윤리 기준을 가지고 있음에도 불구하고, 그들의 도덕적 결단은 여전히 다른 사람들의 의견에 의해 강하게 영향을 받는다. "제3단계에서 행동은 그것이 자신의 '의미 있는 타자들'의 기대에 부응한다면 올바르다. 제3단계의 도덕적 행동의 강력한 동기는 위대하고 중요한 사람들을 즐겁게 하는 것이고, 자신에 대한 그들의 의견과 기대에 실망을 주지 않는 것이다."2) 그러나 즐겁게 하려는 이 욕구는 유기의 두려움 혹은 사랑의 상실 때문이라기보다는, 의미 있는 타자를 위한 애정이 넘치는 마음에 의해 더 자극을 받는다.

제3단계의 개인들은 개인적 정체성과 삶의 통일된 철학을 만들려고 분투하면서 더 반항적이고 자기 결단적이 된다. 그러나 청소년들이 전형적으로 부모의 이상을 거절한다는 일반적인 신념에도 불구하고, 많은 연구는 대부분의 십대 반항은 의상의 유형들과 음악적 취미들에 집중한다는 것을 암시한다. 청소년들은 전형적으로 그들의 부모의 핵심적인 가치를 보유한다.

의미 있는 타자와 연결되고 싶은 강한 필요와 결합된, 더 독립적인 결단을 내리려는 그들의 돌출적인 행동(thrust) 때문에 과도기에 있는 사람들은 분열되고 찢어지는 것을 느낄 수 있다. 예를 들면 부모와 종교적 교육가들은 항상 청소년들이 성적으로 절제하도록 격려한다. 동시에 십대들의 생

---

2) Ibid., 74.

물학적 충동과 동료의 압력은 그들이 성적으로 활발하도록 유혹한다. 갈등을 일으키는 충성심과 애매한 감정들 때문에 이 단계의 개인들은 동정(celibacy)과 성적 방종 사이를 오간다. 청소년이 다른 사람들의 의견에 덜 의존하고 갈등을 일으키는 강한 감정들을 관리할 수 있는 성숙함을 얻는다면, 그/녀는 스스로 선택한 영적 가치와 조화를 이루는 성적 행동의 유형을 채택할 수 있을 것이다.

제3단계에서 가족과 친구의 승인은 개인의 견고한 정체성을 높일 수 있지만, 자존감을 규정하는 것에 대해서 덜 결정적이다. 이 단계의 사람들은 자기 가치의 극적인 손실을 경험함 없이 불승인의 위험을 감수할 수 있다. 더구나 그들은 더 정서적으로 통합되어 있고 자기 수용적이기 때문에 자신의 성적이고 모험적인 욕망에 의해 압도를 당하지 않는다. 정서의 건설적인 배출구를 발견하는 것과 적절한 억제를 배우는 것은 심리영적 발달의 과도기에 있는 개인들에게 주요한 발달적 과업이다.

더 긍정적인 가치관을 가진다면 과도기의 사람들은 또한 그들의 영적 의심과 불확실성에 의해 덜 위협을 느낄 수 있다. 그들의 영적 신념과 가치를 비판적으로 검토하고 낡은 개념과 이상을 버리려는 그들의 진지함은 과도기적 신앙의 보증이다.

종교적으로 헌신적인 많은 사람은 의심은 신앙이 결핍되어 있는 것과 같다고 믿는다. 성숙한 신앙은 폭풍과 같은 의심에서 나온다. 회의주의와 불확실성은 더 높은 차원의 심리영적 통합에 이르는 길이다. 나이와 종교적 지향성에 관한 최근의 연구는, 영적 탐구의 기간이 외래적인 종교성에서 더 건강한 본질적인 헌신으로 개인적 진보의 다리 역할을 한다는 것을 보여 준다.[3] 이 연구에 따르면 이 과도기는 청소년 기간 동안 절정이 되는 것 같다.

더 포용적이고 관용적인 신앙을 향한 충동이 청소년기에 나타날지라도, 많은 사람은 어린 시절의 믿음을 고수한다. 자기 패배적인 유형에 깊이 빠져 있는 개인들은 전문적인 도움 없이 심리영적으로 진보할 수 없는 것 같다. 그러나 이전에 소유한 가치에 대해 비판적인 반성을 초래하는 환경이 무엇이든, 이 단계에 있는 사람들은 영적 정체성의 위기를 경험한다.

개인들이 가장 신성하게 여기는 신념과 이상의 타당성에 도전하기 시작할 때, 의미심장한 내적 긴장과 정서적 불균형은 불가피하다. 하나님과 그들의 종교적 공동체에 의심 없는 관계를 즐겼던 사람들은 심각한 상실감을 경험할 수 있다. 슬픔과 근거 상실의 이러한 감정들은 항상 일시적이며 적당한 시간이 지나면 가라앉는다.

과도기의 사람들은 개인적으로 의미 있는 영적 철학을 선택하고 강화하기 전에 다른 이념들을 시도할 수 있다.

---

3) P. J. Watson, Robin Howard, Ralph Hood and Ronald Morris, "Age and Religious Orientation," *Review of Religious Research* 29 (1988): 271-280.

호기심 때문에 그들은 신속하게 종교적 가입들(affiliations)을 바꾸거나 혹은 비전통적 신앙을 검토할 수 있다. 어떤 사람들은 자신의 이전의 충성을 비난하고 배교자가 될 수 있다. 학술적인 연구는 많은 비가입자가 결국 신앙을 선택하는 반면에, 다른 어떤 사람들은 종교적으로 가입하지 않은 채 남아 있다는 것을 지적한다.[4]

    요약하면 분리와 독립을 향한 내적인 충동을 통해 제3단계의 개인들은 그들의 영적 신념과 가치를 비판적으로 반성하게 된다. 그들은 이전에 당연하다고 여겼던 세계관을 마음에서 지워버리면서 불안과 혼돈을 경험한다. 지지와 격려를 통해 그들은 드러나는 이상과 조화를 이루는 영적인 길을 만들 것이다.

---

4) C. Kirk Hadaway, "Identifying American Apostates: A Cluster Analysis," *Journal for the Scientific Study of Religion* 28 (1989): 201-215.

chapter **11**

과도기적 내담자의 심리치료

제11장
과도기의 내담자의 심리치료

제3단계의 내담자들은 다음의 과도기 신앙의 특징들 중에서 적어도 몇 가지를 보일 것이라고 기대된다.

- 종교적 질문하기와 의심
- 종교적 신념과 헌신의 비판적 검토
- 다양한 신앙의 탐구
- 종교적 가입을 바꾸기
- 영적 정체성의 혼란
- 도덕적 가치의 모순된 적용을 초래하는 이상들의 재평가
- 권위의 외부적인 소재에서 내부적인 소재로 변천

영적 정체성의 혼란

더 세련된 영적 지각을 향한 과도기의 내담자의 진보는 해방을 느끼게 하면서도 동시에 불안을 자극하기도 한

다. 내담자가 종교적 공동체에 강한 애착을 가지고 있거나 혹은 가졌다면, 과도기 단계의 밀려오는 의심과 불확실성은 영적 정체성의 혼란을 초래할 수 있다.

분석적 작업 외에 과도기의 내담자는 이전의 신념들이 비판적으로 검토되면서 일어나는 근거의 상실감을 견디기 위해 많은 지지를 필요로 한다. 치료사는 어떤 신실한 영적 개인들도 고뇌를 직면함 없이 그들의 신앙대로 거의 살 수 없다는 것을 내담자에게 확신시킬 수 있다. 제3단계의 내담자들은 의심의 폭풍을 만난 영적 지도자들의 역사적 기록을 읽도록 격려를 받을 수 있다. 영적 갱생이 결국 어떻게 절망에서 배양될 수 있는가를 예시하는 욥의 이야기는 영적으로 지친 사람들이 마음의 평정을 찾도록 돕는다.

그들의 인지적이고 심리적인 기능 안에서 일어나는 극적인 변화 때문에 사람들은 과도기의 내담자들이 정서적으로 산란하다고 기대한다. 민첩한 치료사는 영적 침체와 임상적 우울증을 구별하도록 배운다. 내담자들이 그들의 도덕적 선택에 대해 더 책임감을 갖게 되고 다른 사람에 대해 더 큰 감수성을 습득하면서, 그들은 가끔 순진한 관찰자에게 기분 장애(mood disorder)를 닮은 실존적 고뇌를 겪는다. 그러나 정상적인 심리영적인 깊은 골(trough)은 긍정적인 감정을 경험할 수 있는 능력에 의해 균형을 맞춘다. 적당한 기간 내에서 완화되지 않는 끈질긴 공허감 혹은 절망은, 내담자가 정상적인 발달적 변화와 관련된 것을 넘어서 의미 있는 내적 긴장을 경험하고 있다는 것을 가리킨다.

매우 권위주의적인 종교적 전통에 깊이 빠진 과도기의 사람들은 특히 우울증과 불안의 감정을 느끼기 쉽다. 이 내담자들의 독특한 취약성을 식별하는 데 실패한 치료사들은 그들의 정서적 불안정을 퇴행의 신호로 잘못 해석할 수 있고, 그들의 치료적 노력이 성공하지 못했다고 느낄 수 있다.

숭배하는 이상들(venerated ideals)에 도전하는 내담자들은 항상 가족과 친구가 그들에게 생기를 불어넣는 영적 관심에 대해 동정적이지 못하다는 것을 발견한다. 내담자가 그/녀의 이전의 신앙을 비난한다면 그/녀는 종교적 공동체에 대한 자신의 애착 정도에 직접적으로 비례하는 상실감을 경험할 것이다. 종교적 공동체가 또한 내담자의 사회적 생활의 중심이었다면 그/녀는 굉장한 고독과 슬픔을 느낄 것이다.

억압적 종교성을 내담자가 포기하는 것을 열렬히 축하한 나머지, 치료사들은 내담자의 슬픔을 식별하는 데 실패할 수 있다. 그러나 그들의 삶에서 매우 의미심장했던 사람과 이상의 상실을 애도하지 않는 내담자들은 나중에 영적 발달을 방해할 수 있는 상처와 실망의 잔재들(residues)을 가져간다.

매우 권위주의적인 종교적 그룹의 이전의 회원들은 전통적 종교를 억압과 관련시키며, 따라서 종교에 가입하지 않거나 또는 비전통적 신앙에 참여할 수 있다. 더구나 종교적 제도들에 대한 내담자의 부정적인 태도는, 특히 치료사가 내담자의 이전의 신앙을 공유할 경우 종교적 치료사에게 확장될 수 있다. 부정적 전이는 치료사가 내담자의 비정통적 신념에 관해 실망하거나 혹은 불안을 느끼면 강화될 것이다. 배교한 내담자들을 향한 자신의 역전이를 관리하는 데 실패한 종교적 치료사들은 선택의 자유는 위험하고 포기를 가져올 것이라는 것을 그들에게 확신시킨다.

종교적 치료사가 자신의 역전이(countertransference)를 성공적으로 해결한다고 가정할지라도, 그는 여전히 무의식적으로 투사적 동일시(projective identification)에 이끌릴 수 있다. 치료사의 신앙에 대한 내담자의 무자비한 경멸은 심지어 가장 관용적이고 참을성 있는 치료사도 방어적이 되도록 할 수 있다. 공격자와 동일시함으로써 내담자는 그/녀의 거절된 자기(rejected self)를 치료사에게 투사한다. 행동을 재연하도록 이끄는 대신에, 치료사는 내담자가 그/녀의 영적 탐구를 깎아내리는 사람들을 향한 그녀의 분노를 재조정하도록 도와야 한다. 결국 그/녀는 이전의 종교적 결속의 상실을 애도할 것이고, 더 자기 확정적인 영적 정체성을 발달시킬 것이다.

헌신의 두려움

과도기 단계의 성공적 해결을 통해 개인은 융통성이

있고 인격적으로 통합된 영적 헌신을 향해 나아간다. 영적 동요의 기간이 재구성(reconstruction)의 단계를 선행한다고 기대될지라도, 적어도 시험 삼아 하는, 선택이 없는 끝없는 탐구하기(questing)는 개인을 의미 없는 상대주의의 바다에 표류하도록 내버려 둔다. 굳건한 영적 지침들이 없다면 질문하기(inquiring)는 가끔 반대하는 가치들과 생활 유형들 사이를 진동할 수밖에 없다.

정당한 시간 내에 일관된 영적 철학을 채택하는 것에 실패한 과도기적 내담자는 항상 헌신을 두려워한다. 내담자의 생활의 많은 측면에 스며들어 있는 헌신에 대한 두려움은 깊은 탐색을 요구하는 은밀한 성격 불안(personality disturbance)을 암시한다. 그러나 내담자의 우유부단이 괴팍한 성격적 유형이기보다는 오히려 그녀의 영적 생활의 독특한 특성이라면, 치료사는 그의 접근에서 더 지시적일 수 있다.

권위주의적인 종교적 그룹에 가입된 내담자들은 영적 헌신을 자율성과 개인적 선택의 상실과 연관시키는 것을 배웠다. 엄격하게 근본주의적 회중에 속한 이전의 회원들은 어떤 조직된 영적 환경을 합법적으로 신뢰하지 못할 것이다. 민감하고 신뢰할 수 있는 종교적 전문가들의 조직을 확립한 치료사들은, 그들의 종교적 유산을 보유하기를 소원하는 내담자들을 특별한 신앙 전통 내에서 혁신적이고 진보적인 회중을 향하여 나아가도록 할 수 있다. 나는 가끔 내담자들을 종교적 전문가들에게 보냈는데, 그들은 성숙한 신앙을 향한 투쟁에 부수적으로 일어나는 불확실성과 의심에 의해 흐트러지지 않는 사람들이다. 대부분의 세속적인 치료사는 내담자의 비헌신적인 태도의 원인이 되는 신학적 왜곡들(distortions)을 교정하기 위해 신뢰받는 목회자 등에게 의존해야 한다.

서로 다른 신앙을 가진 부부의 결혼에서 태어난 성인 아이들 또한 신앙을 선택하는 데 어려움을 가지고 있다. 『두 세계들 사이에서』(*Between Two Worlds*) 라는 책에서 저널리스트인 레스리 고드만-말라므스(Leslie Goodman-Malamuth)와 로빈 말고리스(Robin Margolis)는 유대-기독교 결혼에서 성장한 후손들이 직면하는 문제들을 설명한다. 그 책이 혼합된 유대-이방인 전통의 독자들을 목표로 삼고 있기는 하지만, 저자의 통찰력은 두 개의 종교적 정체성을 화해시키려고 투쟁하는 다른 사람들에게 적용될 수 있다. 두 개의 신앙을 가진 가족의 출신인 내담자들을 상담하는 치료사들은 그 책이 가치 있는 자원이라는 것을 발견할 것이다.

많은 사람이 종교적으로 절충적인 가정들의 다양성과 자극이 영적으로 자양분이 많고 풍부하다는 것을 발견하는 반면에, 다른 종교적 트기들(hybrids)은 그들의 두 개의 충성심에 의해 혼란하고 분열된 것을 느낀다. 한 부모의 신앙 안에서, 두 개의 신앙 안에서, 세 번째의 "타협된" 종교 안에서 키워졌든 혹은 종교적 가입이 없이 키워졌든, 다른 종교간의 결혼에서 태어난 성인 아이들은 그들의 부모와 확대가족들에 의해 전달된 갈등을 일으키는 메시지에 매우 민감하다. 부가해서 두 개의 종교적 유산의 사람들은 가끔 일반적으로 종교적 공동체와 사회에 의해 멸시를 받는다.

두 개의 신앙을 가진 가정의 출신인 과도기적 내담자들은 부모 중 한 쪽이 거절당하는 것을 두려워해서 신앙을 선택하는 것을 꺼릴 수 있다. 종교적 차이가 가정에서 긴장의 원천이라면, 내담자는 갈등을 일으키는 충성심에 의해 영적으로 정지될 수도 있다. 치료사들은 이 내담자들이 그들 부모의 말로 한 소원들과 무언의 소원들(unspoken wishes)로부터 그들 자신의 영적 필요들의 엉킨 것을 풀 수 있도록 도와야 한다.

그들을 위해서 선택된 신앙을 따르도록 강요받는다면, 내담자들은 "마음에서 떠난 부모"(out-parent)의 종교적 설득에 대한 그들의 관심에 관해 수치를 느낄 수 있다. 내담자의 죄책감은 그/녀가 다른 반쪽을 멸시하는 종교적 그룹에 소속한다면 악화될 것이다. 그/녀가 다른 유산에 관한 호기심을 억압하거나 숨김으로써 이 두려움을 극복한다면, 그/녀는 분열되고 단절된 것을 느낄 것이다. 그들의 종교적 준수에 관해 지나치게 비판적이고 그들의 신앙 공동체로부터 소외된 것을 불평하는 내담자들은, 다른 신앙들을 탐구하려는 억압된 욕구를 재연할 수 있다. 똑같은 역동성은 또한 다른 전통들을 연구하기를 바라는 단일한 신앙을 가진 가정

출신인 내담자들 안에서 일어날 수 있다.

두 개의 종교적 유산의 사람들은 두 개의 세계와 연결을 유지하려는 선택을 한다. 근본적인 종교적 정체성을 선택한 사람들은 그들의 다른 반쪽에 대해 신의와 애착을 계속해서 느낀다. 치료사들은 내담자의 종교적 충성심을 통합하기 위해 그/녀의 욕구를 정상화할 수 있고 그/녀의 혼합된 유산을 환영할 회중을 발견하도록 격려할 수 있다. 내담자가 맹렬히 반대하는 종교적 문화에 노출된다면 그녀는 해결할 수 없는 차이들을 인내할 필요가 있고, 신념의 전적인 화해는 불가능하다는 사실을 수용할 필요가 있을 것이다.

영적 정체성을 확립하기 위해 분투하는 내담자들을 도우려는 우리의 능력을 극대화하기 위해서, 모든 종교적 신앙의 치료사들은 물론, 종교적으로 가입을 하지 않은 치료사들도 종교적으로 다원론적인 사회를 구성하는 전통의 핵심이 되는 신념들에 익숙해야 한다. 그들의 선택권을 탐구하도록 격려를 받는다면, 대부분의 과도기적 내담자는 그들의 영적 필요와 합리적으로 양립할 수 있는 신앙 공동체를 발견할 것이다.

심리영적 집단치료

원리적인 근거

많은 과도기적 내담자는 치료의 유일한 유형이든 또

는 개인치료와 결합하든, 집단치료로부터 유익을 얻는다. 종교적으로 다양하면서도 영적인 주제에 초점을 둔 치료집단(therapy group)은, 만약 그것이 기술적으로 활용된다면 참여자들의 심리영적 발달을 증진시키는 데 긍정적인 힘이 될 수 있다. 그들의 비정통적 신념에 대해 계속적으로 보복을 받은 영적 과도기에 있는 개인은, 그들의 호기심과 개인성을 지지하는 집단동맹을 통해 일시적인 모면을 발견할 수 있다. 부가해서 내담자들은 영적으로 혼합된 환경 안에서 거룩한 겉모습을 부득이 투사할 필요를 덜 느낄 수 있다.

종교 상호간의 무대는 친숙하지 못한 신앙과 영적 철학을 배우기 위한 활력이 넘치는 기회들을 제공한다. 다른 영적 지향성을 가진 집단 참여자들은 서로 해로운 영적 신념들을 더 긍정적인 증언들로 바꾸도록 도울 수 있다. 회원들이 서로 소통하면서 종교적 차이에 대해 더 편안해지고, 다른 전통의 사람들에 관한 고정관념의 사고를 포기하게 된다.

철학

비분파적 강조는 여기에 제시된 집단 양상과 종교적 무대 안에서 제공된 치료 집단들을 구별한다.[1] 구체적인 핵심 신념에 헌신하는 신학적인 정체성을 가진 집단들과 대조적으로, 영적으로 절충적인 상황은 그/녀의 영적 진리와 의미를 발견하도록 각 개인의 탐색을 지지하는 개방된 연구의 기준을 장려한다.

비록 영적인 것에 초점을 둔다고 할지라도, 경험은 전통적 집단치료의 원리와 기술에 굳건하게 뿌리를 두고 있다. 나는 어빈 얄롬(Irvin Yalom)의 『집단 심리치료의 이론과 실천』(The Theory and Practice of Group Psychotherapy)과 게랄드 코리(Gerald Corey)의 『집단상담의 이론과 실제』(The Theory and Practice of Group Counseling)와 같은 표준이 되는 책들을 참고하고 있다. 영적인 주제에 초점을 둔 치료 집단들을 실행하는 치료사들은 집단 역동성과 집단 촉진의 기술의 광범위한 지식을 가져야 한다.

이 책의 이론적 토대와 모순이 없이 심리영적 치료 집단의 근본적인 목표는, 그들의 영적 곤경이 더 깊은 정서적 문제들과 어떻게 연관될 수 있는가를 이해하도록 회원들을 돕는 것이다. 일관성이 있고 신뢰할 말한 집단은 영적 변형을 선행하는 강력한 자기 탐구를 위한 독특한 광장을 제공한다.

---

1) 이 집단 모델의 발달은 두 개의 이전의 논문들에서 잘 설명되어 있다. Vicky Genia, "Interreligious Encounter Group: A Psychospiritual Experience for Faith Development," *Counseling and Values* 35 (1990): 39-51; and Vicky Genia, "Psychospiritual Group Counseling for College Students," *Journal for College Student Development* 31 (1990): 279-280을 참고하라. 이 치료 양식을 위한 다른 이름들의 사용에도 불구하고 그 목적과 목표들은 나의 저술들을 통해 시종 일치한다. "탐색"(exploration)은 토론 집단을 암시하고, "만남"(encounter)은 70년대의 평판이 좋지 못한 게슈탈트 유형(gestalt-type)의 집단의 이미지들을 떠올리며, "종교 상호간의"(interreligious)라는 말은 종교적으로 가입을 하지 않은 사람들을 배제하는 것 같기 때문에 나는 최종적으로 *심리영적 치료 집단*(psychospiritual therapy group)이란 말을 사용하기로 결정했다.

집단 구성

영적인 주제에 초점을 둔 치료 집단은 종교적이고 영적인 관심을 가진 내담자들을 위해서 이상적인 치료를 제공할 수 있다. 그럼에도 불구하고 치료사들은 특별한 내담자가 집단사역을 통해 유익을 얻을 수 있는지 혹은 없는지를 결정하기 위한 철저한 평가를 실시해야 한다. 다른 주제에 중점을 두는 치료 집단들과 마찬가지로, 이 접근은 종교적 문제 가진 모든 내담자 위한 선택의 치료일 수 없다. 종교적 무대 안에서 제공된 집단들은 영적으로 다양한 환경에 의해 위협을 느끼는 내담자들을 위해 고려되어야 한다. 어떤 사람들은 단지 개인치료 만으로 더 많은 도움을 받을 수 있다.

일반적으로 집단치료에 대한 금기는 심리영적 집단들에게 적용될 수 있다. 배타적인 기준들은 급성 정신증(acute psychotic) 혹은 기분장애들; 심한 자기애적, 반사회적, 편집 중적, 정신분열적 혹은 경계선 특성들; 자기노출의 두려움; 알코올 혹은 마약 의존; 변화에 대한 낮은 동기; 낮은 심리적 마음챙김(mindedness)과 높은 신체화 증상(somatization)을 포함한다. 부가해서 불필요하게 도발적이거나 혹은 비행적인 역할을 하는 것 같은 내담자들은 집단치료에 적합하지 않다. 그렇지 않으면 집단치료에 알맞은 예리한 고통을 느끼는 개인은 집단치료에 들어가기 전에 즉각적인 위기가 가라앉기까지 기다려야 한다.

그들의 정서적 불안정성, 심각한 퇴행에의 취약성과

필요 충족의 지향성 때문에 집단치료는 자기중심적 내담자들에게 추천될 수 없다. 제1단계의 개인들은 강력하고 긴 기간의 개인치료를 통해 더 많은 도움을 받을 수 있다. 이전에 언급했듯이 어떤 사람은 입원환자 치료와 심리-약학적인 관리를 요구할 수 있다.

집단치료는 또한 집단을 "증언하기"(witnessing)를 위한 기회로 보는 열렬한 개종한 교리적 내담자에게 금기시된다. 비개종적 신앙들(nonproselytizing faiths)을 가진 근본주의적 개인들은 그들의 경건을 과시하기 위해 집단을 사용할 수 있다. 어느 경우에나 엘리트 위주의 종교적 집단에 깊이 피신하고 있는 교리주의자들의 은혜를 베푸는 듯이 구는 태도는, 지지적 치료적 분위기를 증진시키는 데 도움이 되지 못한다. 그러나 집단에의 가입은 영적 환멸을 직면하고 있는 제2단계의 개인에게 적절한 개입이 될 수 있다.

제3단계와 제4단계 안에 있는 내담자들은 항상 치료 집단에 합류하는 데 가장 수용적이다. 그들의 호기심과 변화를 위한 동기부여는 절정에 있기 때문에, 집단 무대는 심리영적 발달을 위해서 그들의 가능성을 최대화하는 시너지적 효과(synergistic effect)를 생산할 수 있다.

이상적 집단은 성(gender)과 종교적 배경에 관해 이질적인 6명에서 10명의 회원들로 구성된다. 나는 비록 심리적 적격성을 힘있게 심사할 수 있을지라도, 영적 신념의 견지에서 배타적인 기준들을 행사하지 못한다.

집단구조와 과정

심리영적 집단은 치료적 목적에 따라서 시간 제한적일 수도 있고 혹은 시간 제한적이 아닐 수도 있다. 대학교 재학생들의 변화하는 시간표를 수용하기 위해 나는 가을 학기와 봄 학기에 동시에 하는 10-15회기 집단치료를 실시한다. 그러나 제한된 기간의 집단들은 어린 시절의 문제들의 깊은 탐색을 허용할 수 없다. 집단치료가 끝날 즈음에 어떤 학생들은 집단에서 표면에 나타났던 문제들을 더 강력하게 탐구하기 위해 개인치료를 선택한다.

일주일에 한 번 1-2시간의 회기를 실시하는 집단 모임 시간표는 외래환자 치료에 전형적 형태이다. 나는 회원들에게 관심을 끄는 문제들을 그들이 직접 설명할 수 있도록 허용하기 위해서 비구조화된 형식을 사용한다.

첫 회기는 소개와 기밀 유지(confidentiality), 출석과 기초가 되는 규칙들의 토론과 함께 시작한다. 이 준비 작업 이후에 회원들과 지도자들은 집단 경험을 위한 그들의 목표와 기대를 공유한다. 참여자들에게 집단은 치료(therapy)라는 것을 상기시킨다. 첫 모임이 끝나면 회원들에게 집단치료를 안내할 문서로 된 지침들을 준다. 집단 심리치료의 전문가들은 가끔 치료사들에게 참여자들이 집단 참여를 준비하는 데 그들의 적절한 시간을 바치도록 권면한다.

기술적으로 잘 활용하면 집단은 상호작용의 여러 가지 차원을 거쳐 진보할 것이다. 집단 발달의 단계들에 익숙지 못한 치료사들은 집단 역동성에 관한 책을 참고하도록 압력을 받는다. 집단의 과정이 적당하게 예측될 수 있을지라도, 그 내용은 세속적인 무대에서 전통적인 치료 집단을 실시한 치료사들에게 이상하게 익숙하지 못할 수도 있다. 영적인 주제에 초점을 둔 집단 안에서 나타나는 문제들은 죄책감 혹은 가족 신앙에서 이탈한 불안, 종교적 의심과 불확실성에 관한 우려, 공포를 주는 하나님 이미지와의 내적 갈등, 상호적 신앙 관계의 문제들, 무의미의 감정들 혹은 영적 무감각과 영적 완전주의를 포함한다(그러나 이것들에 제한되지 않는다).

요약해서 말한다면, 영적 주제를 가진 집단은 참여자들에게 부정적인 종교적 영향력의 요점들을 파악하고 그것을 극복하며, 대안적 신앙을 탐구하고, 신학적 억압이 없이 영적 정체성을 공고하게 할 수 있는 기회를 제공한다. 자기탐구, 건설적인 직면과 상호적 지지를 격려하는, 안전한 양육하는 분위기는 개인들을 더 진보된 영적 능력을 발전시키도록 돕기 위한 특별한 가능성을 가지고 있다.

다음의 장에서 제시되는 앨리스(Alice)는 내가 실시했던 심리영적 치료 집단에 참여함으로써 그녀의 치료적 여정을 시작했다. 집단치료가 끝난 후에 그녀는 집단치료에서 나타났던 곤란한 문제들을 더 탐구하기 위해 나와 함께 개인치료를 계속했다. 앨리스의 갈등과 관심은 심리영적 발달의 과도기 단계에 있는 사람들에게 전형적인 것들이다.

chapter **12**

앨리스의 사례

제12장
앨리스의 사례

앨리스(Alice)는 매력적이고 활력이 넘치는 25세의 대학원생이다. 쾌활한 성격과 아름다운 외모 때문에 그녀는 동료들 사이에서 인기가 넘치는 여성이다. 그녀는 주의를 받으며 성장했고, 애정이 넘치는 애착을 열망하는 것을 자유롭게 받아들인다. 그러나 친밀감에 대한 두려움으로 인해 그녀는 억지로 다른 사람들과 편안한 거리를 유지하려고 한다. 이 모순되는 두 감정은 또한 그녀의 영적 탐구에 그대로 반영된다. 그녀는 유대인의 유산에 관해 적극적으로 말하면서도 유대적 신앙에 아주 반대적인 종교적 전통에 이끌린다. 더구나 그녀는 영적으로 연결되는 것을 깊이 갈망함에도 불구하고, 하나님 혹은 종교적 공동체와의 진정한 친밀감을 경험하지 못한다.

앨리스가 나와 상의했을 때 그녀는 "거듭난" 크리스천

과의 짧고 강렬한 낭만적 만남에 뒤따른 혼합된 감정에 압도당하고 있었다. 이 남자와의 만남은 그녀의 영적 위기를 촉진시켰고, 이것 때문에 그녀는 신속히 치료를 요청했다. 처음에 그녀는 개인적 노출을 극도로 꺼렸고, 종교적 문제들에 대한 나의 관심을 알고 난 후 철학적 질문과 이상에 대해 깊이 생각하기 위해 우리의 회기를 사용했다. 그러나 치료가 진전을 이루면서 앨리스는 해결되지 못한 정서적 갈등들이 그녀의 영적 관심과 신앙 공동체와 지속적인 결합을 정립시키지 못하는 무능력의 원인이 되었다는 것을 인정했다. 그녀는 하나님의 이상에 따라 살지 못했고, 하나님도 그녀에게 실망했다는 것을 확신했다.

앨리스는 중상류층 유대인 가정의 세 딸들 중에서 둘째이다. 그녀의 아버지는 성공적인 기업가가 되는 것에 철저하게 헌신하고 있고, 가정을 부양하는 책임을 그의 아내에게 맡긴다. 앨리스의 아버지는 깊이 종교적이지는 않을지라도 딸들이 적당한 유대인 남편을 만나고 결혼 전까지는 성적으로 삼갈 것을 기대한다. 그의 이런 보수적 가치에도 불구하고 그는 고객들 중의 한 사람과 관계를 가졌다. 앨리스의 부모는 이혼을 고려했지만, 그 부적절한 관계가 끝난 후에는 화해하기로 결정했다. 그의 성적 무분별한 행동을 제외하고 앨리스는 아버지와의 기억들을 좋아하고, 어머니보다 아버지에게 더 친밀감을 느낀다.

아버지와 대조적으로, 앨리스의 어머니는 자신의 종

교적 헌신을 자랑스럽게 여기며 고통 받는 종으로서의 자신의 역할로부터 의미 있는 만족을 얻는 것 같다. 앨리스의 설명에 의하면, 그녀의 어머니는 다른 사람들을 위한 비이기적인 관심때문이 아니라 자신의 도덕적 우월감 때문에 도움을 주고 헌신한다. 사람을 질식시키는 이러한 부양은 또한 주의와 애정을 받기 위한 필사적인 구실인 것 같다. 그녀의 어머니는 자신이 충분히 준다면 사랑과 감사를 되돌려 받게 될 것이라고 기대한다.

앨리스는 그녀의 어머니의 질식시키는 현존에 의해 억압되어 있다는 것을 인정한다. 그녀는 어머니의 의무와 자기희생의 철학과 극단적인 종교적 옹졸함에 깊이 분개한다. 그러나 그녀의 어머니가 다른 가족원들보다 앨리스와 더 강렬하게 관계를 맺고 있다는 사실 때문에, 앨리스는 어머니의 행복에 책임감을 느낀다.

앨리스의 신앙은 애정이 넘치는 관계에 대한 욕구와 친밀감에 대한 그녀의 두려움 사이의 갈등에 의해 영향을 받는다. 거룩한 타자(divine Other)와 결속하고 영적 공동체에 소속하려는 그녀의 소원은, 질식당하고 환멸을 느끼게 될 것 같은 그녀의 무서운 두려움에 의해 빛을 잃게 된다. 그녀는 진리를 찾아 나선 열린 마음의 회의주의자가 됨으로써 타협의 해결점을 발견한다. 다른 종교적 전통들과의 잠깐 동안의 관계는 그녀에게 영적 분투의 출구를 제공한다. 그러나 그녀는 하나님과 단절되고 멀리 떨어져 있다는 것을 느끼기 때문에 이러한 탐구에도 불구하고 그녀의 감정은 텅 비어 있고 영적으로 충족되지 못한다. 그녀가 종교적인 사람들과 가진 잠시 동안의 낭만적 만남을 통해 다른 신앙들을 시험한다는 사실은, 그녀의 영적인 어려움과 인간관계의 어려움이 복잡하게 관계되어 있다는 것을 암시한다. 치료에서 이 관계들을 조사하면서 그녀의 정서적 갈등과 종교적 갈등 사이의 관계들이 드러나게 되었다.

존의 구애의 초기 단계에서, 앨리스는 보수적인 종교적 가치에 대한 그의 강한 헌신에 가장 감동을 받았다. 그녀는 확신에 관한 그의 배짱을 부러워했는데, 그것은 그녀의 흔들림과 의심과 대조를 이루었다. 그러나 그녀는 근본주의적 기독교 신앙으로 그녀를 개종시키려는 그의 노력에 맹렬하게 저항했다. 그녀가 처음에 찬탄했던 그의 확신과 의심하지 않는 헌신은 급속하게 통제적이고 주제넘게 나서는 느낌을 주기 시작했다.

가끔 앨리스는 그녀를 침해하는 정서적 힘들에 대해 단지 부분적으로 알았다. 그녀는 존에게 아주 애착을 가지게 되었고, 그녀가 그의 신앙을 받아들이지 않는다면 그를 잃게 될 것을 두려워했다. 동시에 그의 회심 노력에 대한 그녀의 분개는 그들 사이에 분열을 가져왔다. 그의 신념에 관한 그녀의 오해에 대해 존이 덜 동정적이었던 것이 또한 그들 사이에 늘어나는 긴장의 원인이 되었다. 이 역동성은 앨리스와 그녀의 어머니의 관계와 직접적으로 평행을 이룬다.

그녀의 어머니와 계속 연결되어 있기 위하여 앨리스는 그녀의 독립을 마비시키는 이상들을 포용해야 한다는 것을 느낀다. 존의 관계의 악화는 애정을 얻기 위해 자율성을 버려야 한다는 것을 그녀에게 더 확신시켜 주었다.

그녀의 아버지와 앨리스의 갈등은 또한 존과의 관계 속에서 재연되었다. 그녀의 아버지처럼 존 역시 혼전 섹스는 금지되어야 한다고 믿었다. 처음에 앨리스는 이 사실이 그녀의 성적 욕망에 따라 행동할 수 있는 유혹으로부터 그녀를 보호했기 때문에, 그의 확신에 의해 안도감을 느꼈다. 여전히 아버지의 혼외 관계에 대한 그녀의 환멸은 남자들을 신뢰할 수 있는 그녀의 능력을 심각하게 손상시켰다. 잠재의식적으로 앨리스는 아버지가 어머니를 배신했듯이 존이 그녀를 배신할 수 있는지를 궁금하게 여겼다.

앨리스는 아버지에 대한 그녀의 분노를 인정하는 것이 어려웠다. 아버지에 대한 이상화된 애착을 보존하기 위해 그녀는 분노를 데이트하는 남자들에게 투사한다. 이리하여 그들이 그들 자신에 대한 그녀의 성적 감정들에 부정적인 반응을 가지게 될 것을 그녀는 기대한다. 앨리스는 성적 기미가 있는 그녀의 감정을 드러내는 것을 염려했기 때문에, 존에 대해 애정을 표현할 때 조심스러워하고 수줍어했다. 존은 앨리스의 무관심을 자신에 대해 흥미가 없는 것으로 해석하면서 급히 관계를 끝냈다.

위선적인 아버지에 대한 그녀의 분노를 그녀의 낭만

적인 관계들에 맡김으로써, 앨리스는 아버지와의 결속 안에서 일어난 파열을 무의식적으로 재연한다. 이 반복은 아버지의 배신에 대한 그녀의 격노와 실망을 빗나가도록 돕는다. 그것은 또한 그녀가 건강하고 만족스러운 성 상호간의 애착들(intergender attachments)을 확립하는 것을 방해한다.

놀랍지 않게도 앨리스의 부모와의 갈등은 또한 하나님에 관한 그녀의 감정들 안에 반영된다. 그녀의 하나님은 자기부정과 성적 순결을 요구하는 겸손하면서도 참을성이 없는 신(deity)이다. 자기부정과 성적 순결은 부모에 의해 그녀 안에 주입된 이상이다. 하나님은 가족 가치에 의심치 않는 순종의 결과를 일으키는 거친 초자아의 역할에 동화되어 왔다. 그녀의 성적 욕구에 죄책감을 느낌으로써 그녀는 아버지의 간음의 행위에 대한 그녀의 격노를 회피한다. 그녀가 하나님을 실망시켰다고 믿는 것은 아버지에 대한 그녀의 실망을 받아들이는 것보다 더 바람직스럽다.

사랑은 끝나지 않는 자기희생을 요구한다는 것을 어머니로부터 배웠기 때문에, 모든 실패한 관계는 자기주장과 독립적인 생각이 거절과 상실을 초래한다는 앨리스의 신념을 오히려 강화하도록 돕는다. 혼자서 끝내는 것을 두려워했기 때문에 앨리스는 다른 사람들을 수용하고 즐겁게 하는데 그녀의 에너지를 다 바치는 시간들을 가졌다. 또한 하나님은 그녀의 의심과 불확실성에 인내심을 가지고 있지 않다고 가정하면서, 앨리스는 마음을 다해 받아들일 수 있는 신앙을 찾는다. 여전히 그녀는 자율성을 포기하기를 거절한다. 오히려 다른 사람들과 하나님을 기쁘게 하려는 그녀의 노력은 그녀의 개인성을 상실하는 것에 대한 저항과 공존하는데, 이것 때문에 그녀는 그녀에게 부과된 가치들에 순응하는 것과 그것에 반역하는 것 사이를 교차하게 된다. 그녀의 내적 확신을 따르려는 이 투쟁이 그녀를 더 초기의 단계들에 있는 사람들과 구별시키고, 그녀가 발달의 과도기적 단계에 있다는 것을 가리킨다.

정체성과 친밀감의 문제는 초기의 성인 발달을 상징하지만, 그러나 앨리스의 경우 그것들은 분열적인 정서적 경험에 의해 복잡해진다. 아버지의 혼외정사에 대한 그녀의 환멸은 건강한 성적 정체성과 진정한 사랑의 관계를 형성하는 데 주요한 방해물이 된다. 부가해서 어머니와의 다른 더 미묘한 갈등은 또한 그녀의 인간관계의 문제와 독립을 위한 고통스러운 투쟁과 연관되어 있다.

앨리스는 어린 시절 동안 어머니와 별로 상호 교제를 가지지 않았다는 것을 기억한다. 이 지각은 그녀가 고등학교를 다니는 동안 어머니와 가까워졌다는 것을 기억하면서 그녀에게 놀라움으로 다가왔다. 아버지가 다른 여자와 관계를 가지는 동안, 어머니는 위로와 지지를 위해서 앨리스에게 마음을 돌렸다. 그 당시 앨리스의 언니가 결혼을 계획하고 있었고, 그녀의 어린 여동생은 단지 어머니의 또 다른 짐이 되고 있었다. 외롭고 우울했기 때문에 어머니는 애정과 보살핌을 위해 앨리스에게 의존했다. 부모의 결혼 안에 있는 문제들이 해결되지 않은 채 남아 있었기 때문에 그녀의 어머니는 정서적 필요를 위해 앨리스를 계속 의지했는데, 이것은 오히려 앨리스의 분리와 독립을 방해했다. 자기 자신과 자신의 결혼에 만족하지 못했기 때문에 앨리스의 어머니는 딸이 자신의 독특한 정체성을 발견하고 공고하게 하는 어려운 과정을 거쳐 나가는 것을 도울 수 없었다. 그녀의 어머니가 음란한 여성들에 대해 불필요하게도 퉁명스러운 언급을 하면서 앨리스의 성적 열중에 반응한 것이 오히려 앨리스의 성적 발달을 저해하는 계기가 된다.

아버지의 혼외정사 이전에 앨리스의 어린 여동생은 어머니의 대부분의 시간과 에너지를 소모시켰고, 이것 때문에 앨리스는 무시당하고 유기당하는 것을 느꼈다. 이 초기의 정서적 상실은 그녀가 고등학교 시절 동안 어머니와 함께 경험했던 친밀감을 보유하려는 앨리스의 욕망을 강화시킨다. 그 결과 그녀는 어머니를 실망시키고 어머니의 불승인을 자극하는 것을 특히 두려워한다. 동시에 자연적 자발성과 호기심을 마비시키는 이상들에 순응하려는 그녀의 노력으로 인해 그녀는 덫에 걸린 채 생기를 잃어버린 것을 느낀다. 존과의 관계는 개신교의 근본주의의 형식 안에서 그녀에게 다시 소개된, 복종과 자기부정의 어머니의 윤리에 반대하는 그녀의 저항을 높이는 계기가 되었다. 그녀가 치료를 구했을 때 그녀는 자신에게 부여된 삶의 틀(mold)에 맞추어 더 이상 편안하게 지낼 수가 없었다. 앨리스는 독립된 선택을 하려는 그녀의 시도로 인해 실망하지 않을 수 있는 대리 부모(surrogate parent) 역할을 내가 할 것을 요구했다.

그녀 자신의 가치를 규정하고 운명을 통제하려는 무서운 필요와 부합하여 앨리스는 부모의 이상에 따라 살려는 의무를 느낀다. 이 책임감은 부분적으로 부모의 사랑의 상실에 대한 무의식적인 두려움에 뿌리를 두는 동시에, 부모 자신의 실패와 결점에도 불구하고 긍정적이고 사랑스러운 많은 것을 제공했던 부모에 대한 진정한 충성심을 나타낸다.

부모의 이상들을 보유하지만, 또한 이 표준들을 포기하려는 갈등을 일으키는 소원은 일관성 있는 가치와 체계를 설정하지 못하는 앨리스의 실패를 설명해 준다. 앨리스는 그들의 엄격한 도덕에 뒤엉킨 구속을 느끼지 않으면서 부모, 특히 어머니와 친밀해지기를 필사적으로 소원한다. 부모와 그녀 자신을 동시에 즐겁게 할 수 없기 때문에 앨리스는 독신의 생활양식과 성적으로 활발한 생활양식 사이를 오고 간다. 개인적으로 의미 있는 신앙을 발전시키지 못하는 그녀의 무능력은 또한 이 역동성과 관련이 있다. 어머니의 종교의 억압적 낙인 혹은 아버지의 청교도적인 기준을 마지 못해 채택하고, 부모의 가치와 신념과 조화를 이루지 못하는, 자기가 선택한 신앙을 옹호하는 것을 두려워하기 때문에 앨리스는 종교적 헌신을 회피한다.

그러나 그녀의 환멸과 종교적인 몸부림(floundering)에도 불구하고, 앨리스는 건강한 영적 분투를 자극하는 진리를 향한 열정을 가진다. 영적 헌신을 위한 진정한 욕망 때문에, 그녀는 모순된 감정과 씨름하고 그녀의 종교적 의심과 질문을 직면하는 것에 대한 무서운 불안을 견딜 수 있다. 하나님에 대한 그녀의 애착이 부정적 정서로 물들어 있을지라도, 앨리스는 그녀가 여전히 발견해야 하는 초월적 선함(transcendent goodness)의 내적 확신에 기여하는 기본적인 신뢰의 핵심을 소유하고 있다. 그녀의 열린 마음과 결합된 이 낙천적인 가치관 때문에 그녀는 비통해하거나 냉소적이 되지 않는다. 그녀의 분노와 두려움을 직면하고 스스로 더 자신을 가지면서 앨리스는 그녀의 드러나는 이상, 가치 그리고 삶의 선택들과 조화를 이루는 종교적 헌신을 할 수 있을 것이다.

chapter **13**

제4단계:
재구성된 신앙

제13장
제4단계: 재구성된 신앙

유리한 조건 아래서 과도기 단계의 탐구, 비판적인 반성과 내적 성찰은 자신의 이상과 내적 양심과 조화를 이루는 자기가 선택한 신앙에 헌신할 때 절정을 이룬다. 이 단계에서 본질적인 영적 헌신은 목적과 삶의 의미를 증진시킨다. 종교적 교리는 그것이 개인에게 중요할 때 더 융통성 있게 해석되고, 도덕적 추리는 더 높은 차원의 초자아 발달에 의해 지도를 받는다.

불행하게도 "초자아"는 우리가 금지된 생각 혹은 소원을 탐닉할 때마다 우리에게 고통을 가하는 죄책감과 불안, 자기비난의 가학적 침해와 같다고 본다. 그러나 건강한 성격 안에서 자아 이상(ego ideal)은 초자아의 더 분명한 부분임을 요구한다. 내사된(introjected) 비판적인 부모의 부끄러움을 자극하는 소리와 대비하여, 자아 이상은 내적인 사랑이 많은 부모를 대표한다. 성숙은 긍정적인 이상을 향한 투쟁이기 때문에, 잘못한 행위의 감정들을 피하는 대신에 자아 이상의 주된 권한은 더 진보된 도덕적 적응을 성취하는 것이다.

이 구별은 혼외관계의 유혹을 받는 결혼한 개인을 바라볼 때 명료해질 수 있다. 혼외 성관계를 반대하는 자기중심적, 교리적이고 재구성된 단계들 안에 있는 영적으로 헌신하는 사람들은 혼외관계에 반대하는 결정을 할 수 있다. 그러나 각 단계에서 도덕적 결단하기의 과정은 매우 다를 것이다. 제1단계의 사람들은 간음을 행함으로써 배우자에게 붙잡히거나 혹은 저버림을 당하거나 혹은 하나님에 의해 처벌을 받는 두려움 때문에 혼외관계를 삼갈 것이다. 교리적으로 종교적인 사람은 죄책감을 피하고 그들의 도덕적 무죄를 증명하기 위해 신앙을 지킬 것이다. 더구나 그들의 배우자가 신실하기를 기대한다면, 교리적인 사람은 억지로 결혼 계약을 명예롭게 지킬 것이다. 다른 한편으로 제4단계의 개인들은 헌신과 책임감의 긍정적인 이상에 초점을 맞춤으로써 유혹에 저항할 것이다. 맹목적인 만남을 거절할 결정은 그들의 배우자를 위한 사랑과 존경에 의해 동기가 부여된다. 본질적으로 헌신적인 사람은 두려움 혹은 의무감으로 인해 도덕적으로 행동하지 않지만, 그러나 다른 사람들의 안녕을 위한 책임감을 느끼기 때문에 도덕적으로 행동할 수 있다.

제4단계에서 도덕적 행동은 사회적 계약에 의해 지배

를 받는다. 이 단계에서 "안내하는 도덕적 가치들과 원리들은 .... 그것들을 주장하는 집단들 혹은 사람들의 권위와는 별도로, 그리고 이 집단들과 개인적 동일시와는 별도로 타당성과 적응성을 가진다."[1] 성숙한 초자아에 의해 인도함을 받기 때문에 발달의 재구성된 단계에 있는 사람들은 그들이 내적 확신과 조화를 이루며 산다는 것을 느끼기 때문에 종교적 규범들을 따른다.

    이 단계에 있는 사람들은 긍정을 주는 세상과 유대감을 느낀다. 그들의 신앙은 어린 시절에 적절하게 양육받고 사랑받은 사람들의 심리적 유산인 신뢰와 행복의 내적 감각의 기질 안에 근거를 두고 있다. 이들은 하나님이 지지의 동맹과 원천이라는 것을 느낀다. 이 사람들의 기도의 내용은 감사, 찬양과 헌신을 포함한다. 더 초기의 단계들의 사람들과는 달리 제4단계의 사람들은 사과 혹은 부끄러움이 없이 그들의 인간적 한계들을 수용한다. 고백은, 만약 그것이 실천된다면, 책임감의 현실적 감정들과 연관이 있다. 잘못한 행위에 대해서 후회를 느낀 후에 본질적으로 종교적인 사람들은 하나님의 용서를 수용하고, 가능할 때마다 보상한다.

    본질적인-외래적인 종교성의 분야에서 행해진 연구는, 전반적으로 본질적인 신앙 헌신을 가진 개인들은 스스로 종교적 동기부여들(self-serving religious motivations)을 가진

---

[1] James Fowler, *Stages of Faith: The Psychology of Human Development and the Quest for Meaning* (San Francisco: Harper & Row, 1981), 83.

사람들보다 더 심리적으로 그리고 정서적으로 건강한 경향이 있다는 것을 가리킨다.2) 과도기 단계 다음에 오는 심리 영적 재구성을 통해 그들은 선택한 이상에 굳건하지만 그러나 융통성이 있는 헌신을 정립할 수 있다. 개인적인 양심에 점점 의존함으로써 활기를 띠기 때문에 제4단계의 개인들은 낡은 신념을 포기하고 재형성된 정체성에 맞는 이념적 관점을 선택한다.

그럼에도 불구하고 재구성된 단계에 있는 사람들은 제5단계에 있는 사람들을 특징짓는 애매성과 불확실성에 대한 관용과, 영성의 역설적이고 다차원적인 본질을 평가하는 능력을 배양하지 못한다. 교리와 외적 권위의 횡포들로부터 벗어났을지라도, 제4단계의 신앙은 교리적 종교성을 특징짓는 절대성과 엘리트주의(elitism)의 잔재를 보유한다. 다양한 신념에 대한 그들의 관용에도 불구하고, 이 개인들은 다른 신앙의 사람들과 예배하기를 꺼린다. 그들의 이념적 강화가 새로운 영적 통찰력에 스며들지라도 그들의 신앙은 더 진보적인 변형을 겪지 않을 것이다. 본질적으로 종교적인 사람들의 영적 가치관을 확장하고 풍부하게 하는 경험들로 인해, 그들은 "자신의 '더 깊은 자기'의 음성들"에 더 개방적이 됨으로써, 그리고 "삶의 진리에 더 변증법적이고

---

2) 이 연구의 재고를 위해서 다음을 보라: C. Daniel Batson and W. Larry Ventis, *The Religious Experience: A Social-Psychological Perspective* (New York: Oxford University Press, 1982); and Michael Donahue, "Intrinsic and Extrinsic Religiousness: Review and Meta-Analysis," *Journal of Personality and Social Psychology* 48 (1985): 400-419.

다차원적인 접근"에 더 수용적이 됨으로써 그들의 영적 진보를 증진시킬 수 있을 것이다.[3]

내가 패티(Patty)를 만나기 전에 그녀는 그녀의 종교적 확신을 결코 의심하지 않았다. 그녀는 그녀의 아버지를 향한 참을 수 없는 격노가 치료 중에 표면에 나오기 전까지 영적 문제들 때문에 방해를 받지 않았다. 그녀는 아버지에 대한 이상화된 애착을 포기하면서 신앙의 고통스러운 상실을 경험했다. 그녀의 감정을 직면하고 이전의 신념에 도전함으로써 패티는 이전의 신앙을 재구성하고 재강화할 수 있었다.

패티의 사례: 사랑의 하나님

패티는 32살에 혼자 사는 가톨릭 여성이다. 그녀는 약간 조용하고 말이 없지만, 그녀가 편안을 느끼는 사회적 상황에서는 친근하게 대화를 나눈다. 더 자신 있게 주장을 내세우고 싶은 욕구로 인해 초기에 그녀는 신속하게 치료를 구했다.

패티는 노동자 가족 출신의 네 명의 자녀 중에 가장 나이가 많다. 그녀의 아버지는 강한 전통적 가치와 무서운 자부심을 가진 단순한 사람이다. 그는 양심적이고 근면하지만, 자신의 신념에 엄격하고 다른 의견들을 참지 못한다. 그의 자기 정당성과 극단적인 참지 못함은 때때로 폭력적인

---

[3] Fowler, *Stages of Faith*, 183, 198.

분출을 발생시키는 변덕스러운 기질과 혼합되어 있다. 그 결과 그는 가족원들 안에 진실한 존경보다는 오히려 두려움을 고취시킨다.

　　패티의 어머니는 가족 안에서 남편의 오만한 자세에 의해 빛을 잃은, 친절하지만 극히 수동적인 여성이다. 그녀 자신의 필요를 주장하려는 시도는 저항과 보복을 맞았다. 가족의 평화를 보존하기 위해 그녀는 추종하는 역할을 맡고 남편의 소원과 요구에 순응한다.

　　아버지의 애정과 인정을 얻기 위해서 패티는 모본이 되는 아이(model child)가 되었다. 그녀의 학문적 탁월성, 적당한 사회적 행동과 순응을 통해 그녀는 아버지의 사랑을 확보했다. 그러나 그녀는 사랑받는 아이로서 그녀의 지위를 즐기면서도, 탁월함과 순종을 유지하는 데서 비롯된 그녀의 위치의 빈약함을 또한 감지했다. 패티는 아버지가 긍정했던 이상적인 자기와 동일시함으로써 아버지의 사랑의 조건적 본질을 충분히 인식하는 것을 방어하고 있었다. 그러나 이 강한 동일시 때문에 그녀는 그녀의 불완전을 참지 못했고 실패의 감정에 예민했다.

　　자신이 가치가 있다는 것을 느끼기 위해 그녀의 아버지를 즐겁게 하려는 패티의 필요는 그녀의 종교적 생활에도 일반화되어, 하나님과 교회에 대한 그녀의 관계도 의례와 교리에 순응하려는 특징을 가지고 있었다. 하나님 아버지와 아버지 같은 성직자에 대한 가톨릭의 강조로 인해 패티는 아버지에 대한 그녀의 감정들을 하나님과 교회에 쉽게 전이시켰다. 하나님과 그녀의 의사소통은 우리 아버지(Our Father), 마리아 찬양(Hail Mary)과 사도신경과 같은 형식적인 기도의 암송으로 이루어졌다. 패티는 대화적 방식으로 그녀의 내적 감정과 필요에 관해 하나님과 거의 이야기하지 않았다.

그녀의 이 형식성은 또한 아버지와 그녀의 대화 안에 그대로 들어 있었다. 아버지를 불쾌하게 하는 것을 두려워했기 때문에 패티는 그를 분노하게 하는 의견 혹은 관심을 표현하지 않기 위해 조심을 다했다. 그녀의 거짓된 성숙 때문에 패티의 아버지는 그의 문제와 관심을 그녀에게 맡기는 것이 쉬웠다. 신뢰받는 사람(confidant)이라는 그녀의 지위로 인해 패티는 아버지의 상처받기 쉬운 부분을 접하면서 그에 대한 강한 동정심이 요동치는 것을 느끼면서도, 또한 이상적인 딸이 되어야 하는 부담에 분개했다. 더구나 패티가 믿기로는 아버지를 돌보고 위로할 사람이 되어야 하는 어머니의 자리를 자신이 대신하는 것에 대해서 그녀는 무서운 죄책감을 경험했다.

어린 시절과 청소년기에 패티는 많은 점에서 그녀의 가족과 비슷한 가톨릭교회에서 편안함을 느꼈다. 여성의 교회의 종속과 복종과 선행의 강조는 그의 가정교육과 일치했다. 더구나 자기희생의 가톨릭의 경의, 예수의 어머니 마리아의 조용한 고통은 패티에게 분명해졌고, 이것으로 인해 아버지의 권위를 정상화하고 그의 비합리적인 행동을 합리화하게 되었다.

패티는 그녀의 신앙으로부터 개인적 경험과 공명했던 특징들을 끌어내고 그 경험에 모순되었던 요소들을 쉽게 무시할 수 있었다. 그러므로 그녀는 가톨릭 공동체의 교리적이고 억압적인 요소들에 동조되었고, 더 자유롭고 진보적인 회중의 양육하고 고쳐시키는 영성은 낯설었다.

패티는 대학에서 다른 철학적 세계관들을 접하면서, 이전에 무비판적으로 받아들였던 가치들을 검토하도록 자극하는 부조화의 불편한 상태를 경험했다. 특히 여성주의 철학을 알게 되면서 그녀는 아버지의 어떤 태도들과 행동들의 적절성에 도전할 수 있었다. 부가해서 새로운 친구들과의 친분 관계를 통해 그녀는 경직된 가정교육과 정반대가 되는 생활양식을 목격했다. 대학 이전에 패티는 학교와 교회 밖에서 그녀의 동료들과 거의 서로 영향을 미치지 않았다. 그녀의 사회적 고립으로 인해 그녀는 아버지의 억압과 통제의 정상상태와 적절성을 의심할 수 있는 경험들에서부터 격리되었다.

그녀의 오래된 가치관과 현재 드러나는 자유로운 가치관 사이의 불일치로 인해 그녀는 염려하며 우울해하게 되었다. 그녀의 가족 환경은 대학 생활의 사회적이고 지적인 자극에서 발달했던 개인적 변화의 씨앗들을 양성하는 데 도움이 되지 않았다. 아버지와의 대결을 피하기 위해서 패티는 고분고분한 아이인 체했지만 그러나 그녀의 내적 감각은 급격하게 변형되고 있었다. 이상적인 딸을 가지고 싶어 했던 아버지는 패티가 더 독립적이되고 자기주장을 내세우는 것을 목격하고 싶지 않았다. 패티는 곡예사가 줄 위를 걷는 것처럼 느꼈다. 그녀가 너무 멀리 벗어났다면 그녀의 교육을 위한 재정적 지원은 말할 것도 없이 아버지의 사랑과 존경을 상실할 위험을 감수해야 했다. 그러나 계속해서 복종하고 지나치게 싹싹하게 굴면서 그녀는 자신의 성실성과 현재 드러나는 자율성을 희생했다.

이 갈등은 마침내 패티가 대학원 훈련을 완수한 후에 정서적이고 영적 위기에서 절정을 이루었다. 그녀의 진보하는 정체성이 아버지로부터 그녀의 사랑받는 위치를 꾸준히 위협하고 있었다는 것을 알아차리면서, 패티는 점점 우울해지고 움츠려들게 되었다. 주장을 내세우는 것이 그녀가 아버지에 대해 느꼈던 격노를 불러일으켰는데, 그녀는 특히 그것 때문에 놀랐다. 그녀는 이전의 고분고분한 성격 유형으로 되돌아감으로써 그녀의 분노를 억압했다. 불행하게도 감정 표현의 억제와 주장하지 않는 태도는 그녀의 전문적이고 사회적인 발달에 방해물이었다. 이것은 만약 패티가 사회적으로 그리고 경제적으로 성공해야 한다는 아버지의 기대만 없었다면 별로 문제가 되지 않을 수도 있다. 이 기대가 패티를 무서운 구속 상태에 두었다. 아버지를 즐겁게 하기 위해 그녀가 성공하는 데 필요했던 개인적 기술들은, 또한 아버지를 불쾌하게 하는 특성들이었다.

그녀가 전문적이고 사회적 상호작용 안에서 더 멀어지는 동시에, 패티는 그녀의 종교적 참여에서 움츠러들기 시작했다. 그녀는 점점 덜 빈번하게 미사에 출석했다. 그녀는 익숙한 기도를 암송하거나 혹은 성체(sacraments)를 받거나 할 수 없었고, 그녀의 "신앙의 결핍"에 의해 심각한 혼란을 겪고 있었다. 우리가 이 사건들을 탐구하면서 그녀의 영적 위기 밑에 숨어 있는 역동성이 나타났다.

패티가 아버지에 대한 감정을 하나님과 교회로 전이시키는 것은 전통적인 가톨릭주의의 아버지다운 엘리트주의(paternal elitism)에 의해 촉진되었다. 무의식적으로 그녀는 하나님이 그녀의 내적 성장과 종교적 가치를 포함한 이상들에 대한 그녀의 비판적인 검토를 승인하지 않을 것이라고 느꼈다. 그녀에 대한 아버지의 사랑이 조건적이듯이 패티는 하나님의 사랑은 그분의 의지에 대한 자신의 순종과 복종에 따라 조건적이라는 것을 경험했다. 그러나 그녀의 아버지와 다르게, 그녀는 이미 그녀를 판단하고 저주했다고 느꼈던 전지전능한 하나님에게 순종을 가장하지 않았다. 그녀는 여성성(femininity)을 연약함, 자학주의(masochism)와 부적절함, 그리고 그녀가 어머니와 그 자신 안에서 경멸했던 특성들과 관련시켜 생각했기 때문에, 패티는 가톨릭 신앙에서 양육하는 여성적인 면들로부터 위로를 끌어낼 수 없었다.

패티는 그녀가 악마와 대결하는 꿈에 대해 말했을 때

치료에서 결정적인 순간은 일어났다. 그녀는 악마가 그녀 자신의 인식할 수 없는 부분의 화신이라고 이해했다. 다른 사람들, 특히 아버지를 인정하지 않는 것을 두려워했기 때문에 패티는 그녀의 이상적 자기에 모순되는 그녀 안에 있는 특성들을 경멸했다. 그녀는 깊은 내면에 묻혀 있는 분노의 감정을 특히 경멸했고, 그녀의 이 "사악한" 부분을 꿈속의 악마에게 투사했다. 특별히 패티는 가족에 대한 아버지의 가학적 취급과 경직된 통제에 대해 분개했다. 더욱이 그녀는 아버지의 거친 훈련과 비합리적인 요구들에 저항하여 효과적으로 개입하지 못하는 어머니의 실패에 격노했다.

여러 가지 요인이 부모에 대한 그녀의 분노를 직면하고 해결할 수 있는 패티의 능력에 기여했다. 만족스러운 공생적 단계에 근거를 두고 아동기 발달 동안 강화된 기본적인 신뢰의 기초가 첫 번째로 가장 중요한 것이었다. 그녀의 한계에도 불구하고 패티의 어머니는 아이들을 위한 사랑과 애정에서 일관적이고 긍정적이었다. 부가해서 아버지로부터 사랑받은 패티의 위치 때문에 그녀는 또한 아버지의 부드럽고 애정이 넘치는 면을 또한 경험하고 통합함으로써 그의 거친 훈련의 영향력을 약하게 했다. 이 긍정적인 아버지다운 특성들은 그녀의 영적 발달의 초석과 신앙의 변형을 만들었다.

사랑이 많은 하나님을 발견하는 길은 패티에게 쉬운 것이 아니었다. 다행스럽게도 신뢰에 대한 그녀의 기본적인 지향성 때문에 그녀는 거짓된 자기의 껍질을 벗기기 위해 치료 관계를 사용할 수 있었다. 수용과 공감적 이해의 치료적 분위기 내에서 패티는 격노에 찬 내면의 아이가 나타나고 치료되는 것을 허용했다. 그녀가 억압된 분노를 인정한 후에야 그녀는 부모의 실패에 대해 그들을 용서할 수 있었다. 그녀의 격노로부터 그녀 자신을 보호하기 위해 부모를 이상화할 필요로부터 해방되면서, 패티는 그녀의 부모를 역기능적인 가족과 부적절한 부모 양식(parenting)의 산물들(products)로 이해할 수 있었다. 그녀의 분노를 자신의 합법적이고 복잡한 부분으로 수용함으로써, 그녀는 다른 사람과 소통하는 데 있어서 정서적으로 더 자발적이고 적절하게 주장을 내세우게 되었다. 가장 중요한 것은 패티가 스스로 더 너그러워지면서 완벽하려는 그녀의 강박증을 포기했다는 것이다. 이것 때문에 그녀는 하나님의 용서와 무조건적 사랑을 수용할 수 있었다.

치료가 끝나 가던 어느 날, 패티는 집에 들어가듯이 자발적으로 교회에 들어갔다. 그녀가 제단 앞에 고요하게 앉았을 때 그녀는 "사랑의 하나님"에 대한 감정이 부풀어 올랐다. 그 순간 그녀의 신앙은 다시 점화되면서 하나님의 부드러움과 동정심을 경험했다. 이 영적 각성을 따라서 패티는 가톨릭 공동체로 되돌아갔다. 그녀는 여전히 교회의 가르침들 중 어떤 것들에 대해 도전할지라도, 가톨릭 신앙의 긍정적인 요소들에 대한 그녀의 헌신은 그녀의 개인적인 영적 성장과 하나님에 대한 헌신의 기초가 된다. 패티가 교회 내에 개혁을 요구하는 집단에 참여하면서 그녀는 자유로운 신념에도 불구하고 종교적 공동체의 소속감을 가진다. 이러한 참여는 또한 그녀에게 사회적 행동을 통해 그녀의 신앙을 나눌 수 있는 기회들을 제공한다.

chapter **14**

제5단계:
초월적 신앙

제14장
제5단계: 초월적 신앙

초월적 신앙은 영적 발달의 가장 높은 차원이다. 성숙의 끝은 심지어 가장 영적으로 깨어난 사람도 단지 접근만 할 수 있는 이상이다. 이생에서 영적 완전을 얻는 것은 불가능할지라도 성숙한 신앙의 보증은 건강한 삶을 위한 열심에서 나타난다. 사도 바울과 같이 영적으로 성숙한 사람은 거룩함을 사모하지만, 동시에 그들은 매일의 영적 걸음에서 그들의 한계와 결점을 겸손하게 수용한다(빌3:13,14).

다음의 토론은 제5단계에 있는 사람들을 특징짓는 어떤 특성들을 강조한다. 이 소개는 심리적 분석이 그들의 특이한 동정심과 확신을 적절하게 설명할 수 없다는 겸허한 인식과 함께 제공된다. 보편적인 이상과 초월적 실재에 열정적으로 동조하기 때문에 영적 발달의 정점에 있는 개인들은 모든 신앙의 사람을 고취시키는 환영들(visionaries)이다.

이 기준들이 의도적으로 절대적인 표준이거나 혹은 어떤 특별한 신앙의 이상을 대표한다는 것은 아니라는 것을 명심하라. 오히려 이 장은 성숙한 신앙의 어떤 확인된 특징들을 가정하며, 이것들은 더 나은 반성 혹은 검증의 관점에서 확장되고 세련되거나 혹은 수정될 수 있다.

1. 자신보다 더 위대한 것에 대한 초월적 관계가 성숙한 신앙의 초석이다. 윌리암 제임스에 의하면, "더 높고 친근한 힘의 현존 의식은 영적 생활에서 근본적인 특징인 것 같다."[1] 그러나 성숙한 신앙은 궁극적인 실재의 지적 승인 그 이상의 것이다. 그것은 우리 생활의 구성적 변형을 초래하는 이 실재에 대한 반응을 요구한다.

인간의 자기가 거룩한 신을 어떻게 만나는지는 상당한 사색과 논쟁의 주제이다. 전통적인 신자들은 종교적 가르침들을 통해 본질적인 타자(Other)를 발견하는 반면에, 비전통적인 추구자(seeker)는 자기 내에서 신을 찾는다. 아마 영적으로 질문을 하는 사람들 가운데 가장 비정통적인 사람인 인본주의자들(humanists)은 초자연인 것의 영적 차원을 일소하고, 오히려 인간 의식의 바깥의 한계들 안에서 초월적인 것을 탐구한다.

에리히 프롬(Erich Fromm)의 모든 것이 되는 것(All)과

---

1) William James, *The Varieties of Religious Experience* (New York: Penguin Books, 1985), 274.

개인의 만남의 묘사는 초월적 경험에 대한 인본주의적 관점을 요약한다.[2] 프롬에 의하면 우리 모두는 헌신의 대상을 위한 심리영적 필요를 가지고 있다. 숭배의 감정들이 더 높은 힘을 향해 목적을 둘 때, 우리는 영적으로 연결되어 있고 완전한 것을 느낀다. 그러나 프롬은 이 더 높은 힘은 자기 내에서 발견되고, 신은 단지 "인간 자신의 힘들의 상징"이라고 믿었다. 거룩한 신의 만남은 "자기의 자아의 한계들을 극복함으로써 그리고 .... 자신의 배타적이고 해리된 부분, 무의식과 만남으로써" 일어난다.[3] 이리하여 신에 대한 신앙은 단지 삶과 우리 자신들에 대한 신앙이다.

프롬이 무의식을 소용돌이치는 파괴적 충동들의 저장소라고 보는 프로이드의 개념에 동의하지 않았다는 것을 주목하는 것은 중요하다. 프롬의 분석에서 무의식은 가장 고상한 것과 가장 저급한 것, 부도덕한 충동과 박애적인 충동 모두를 포함한다. 우리의 금지된 소원들은 사랑을 위한 심오한 능력과 공존하기 때문에 그것들을 두려워하거나 억압할 필요가 없다. 무의식의 문을 열고 우리 자신의 이기적이면서도 또한 인도주의적인 측면과 접촉함으로써, 인간의 열정이 의식적 통제와 보편적 이상에 대한 헌신에 의해 조절되는 창조적 통합이 일어난다. 의식의 이 확장과 인간의 가능성의 실현은, 프롬에 의하면 종교적 경험의 본질이다.

---

2) Erich Fromm, *Psychoanalysis and Religion* (New Haven, Conn.: Yale University Press, 1950).
3) Ibid., 37, 93.

프롬의 종교적 이론에서 제임스의 전통의 실마리들을 발견하는 것은 놀라운 일이 아니다. 종교적 경험의 다양성에 의해 가장 감명을 받았기 때문에 제임스는 영적 충동은 외부의 힘에 의해 시작한 것이 아니고, 오히려 "우리 자신의 숨겨진 마음의 더 높은 능력들"에서 유래된다는 것을 확신했다.[4] 그는 인간 본성의 이 바깥 영역은 "그의 밖의 우주에서 작용하고, 그리고 그가 접촉을 유지할 수 있는 똑같은 특성의 더 이상의 존재(MORE)와 동일선상의 연속적이라는" 것을 믿었다.[5] 무의식의 문을 통해 흐르는 영적 힘들에 의해 고취되기 때문에 개인들은 그들의 기질과 지적 능력과 일치하는 종교적 이념을 창조하거나 선택한다. 신학적 "과신"(overbeliefs)을 버리고 종교적 충동을 자연적 현상으로 설명하려는 그의 결심에도 불구하고, 제임스는 "더 이상의 존재(MORE)의 더 먼 쪽에" 거룩한 존재의 가능성을 열어 놓았다.

프로이드와 동시대 사람이면서 그의 경쟁자이었던 융은 초월적인 것의 위치를 인간 의식의 바깥의 영역에 두었다. 그는 하나님을 "집단 무의식"을 통해 개인에게 계시되는 "원형"(archetype)으로 묘사했다.[6]

융의 도식에서 심리의 가장 깊은 층인 집단 무의식은 그것의 진화 이래로 우리의 종들의 목록(species' repertoire)

---

4) James, Varieties, 513.
5) Ibid, 508.
6) Carl Jung, *Psychology and Religion* (New Haven, Conn.: Yale University Press, 1938).

이 된 경험들의 원시적 이미지들을 가지고 있다. 융은 이 심리적 주제들(motifs)이 원형들이라고 했다. 예를 들면 모든 유아는 어른이 된 부양자에 의해 양육된다. 그러므로 집단 무의식 속에는 유아들이 그들의 어머니에게 본능적으로 쉽게 애착을 느끼도록 하는 어머니 원형이 존재한다. 어떤 형태의 종교적 예배가 역사를 거쳐 문화를 통해 일어나기 때문에 영적 상징들과 신 이미지들은 또한 모든 개인의 심리 속에 깊이 새겨져 있다. 종교를 찾는 사람들은 존재의 영역(commonwealth of being)의 심리적 유산인 하나님 원형을 통해 거룩한 분을 만난다.

융에게 종교적 순례는 집단 무의식 안에 보존되어 있는 근본적인 지혜를 의식 쪽으로 끌어올리는 것이다. 프로이드는 종교는 인간의 성장과 발달에 해롭다고 강하게 믿었던 반면에, 융은 종교적 탐구는 인류의 가장 높은 가능성들을 향한 여정이라는 것을 동등하게 확신했다. 이리하여 그의 경쟁자와는 대조적으로 융은 영성을 퇴행적 현상이 아니라 더 위대한 완전성(wholeness)을 향한 진보라고 여겼다.

두 가지의 부가적 요점이 융의 종교에 대한 동정적 태도가 적극임을 증명하는 데 기여할 것이다. 첫째, 그의 심리신학(psychotheology)은 개인을 높이고 신앙의 공동체 속성들을 배제한다. 거룩한 것은 자기 내에서 발견된다. 융은 하나님과 인간의 본질적인 정체성을 고집하는 신앙에 대해 편견을 가지고 있었고, 신성(deity)을 객관화하는 전통에 대해 반감을 표현했다. 제임스와 같이, 융은 종교적 신조에 대한 충성은 우리가 내적인 영적 의식을 만날 수 없도록 방해하고, 그러므로 어둡고 편협한 마음의 신앙 상태의 원인이 된다고 믿었다.

둘째, 융은 영적 깨달음이 집단 무의식을 통해 모든 사람에게 가능하다고 주장했을지라도, 그는 하나님 원형의 신학적 확실성에 대해 언급하지 않으려고 조심을 다했다. 융은 집단무의식이 인간의 생존과 진보를 증진시키는 그런 경험들을 보존한다고 믿었기 때문에, 그는 그것의 종교적 이미지들이 심리적 조직(psychic economy)에서 긍정적인 힘들(forces)이라는 것을 확신했다. 이 보편적 영적 의식이 거룩한 영감에서부터 비롯되었는지 혹은 아닌지는 심리적 가치와 관계가 없고, 그것은 그에게 있어 관심거리가 아니었다.

프롬, 제임스와 융에 의해 대표되는 인본주의적 전통에서 신성한 것(the sacred)은 개인들의 더 높은 본성 안에 잔존하고 있고 무의식의 문을 개방함으로써 접근할 수 있다. 제임스도 융도 모두 초자연적 신성(deity)의 가능성을 힘차게 부정하지 않았을지라도, 그들의 종교적 경험의 분석은 인간과 신의 본질적 정체성을 가정한다. 우리 자신의 외부의 힘에 의해 붙잡힌 경험은, 무서운 정감적 강렬함과 이전에 무의식적이었던 재료가 갑자기 우리 의식의 영역에 침입할 때 일어나는 일시적인 혼돈(disorientation) 때문이라고 그들은 주장한다. 종교적 현상들에 대한 초자연적 설명에 동의하기가 몹시 싫어서 인본주의자들은 인간의 자연적인 영적 가능성 안에 최고의 신뢰를 둔다.

붓다(Buddha)도 그의 영적 가르침에서 초자연적 신을 배제했다. 불교는 신학적 전제가 없이 자기초월, 혹은 열반(Nirvana)에 이르는 길을 제시한다는 점에서 주요한 종교들 가운데 독특하다. 붓다의 추종자들은 모든 형식적 교리와 신인 동형동성설의 은유들(anthropomorphic metaphors)을 비난하고 내적인 개인의 깨달음을 통한 영적 전인성을 추구하는 점에서 인본주의자들을 닮는다. 그러나 세속적인 인본주의자들과는 달리 불교를 신봉하는 사람들은 더 높은 의식에 편입하기 위해 자기를 확장함으로써 영적 완성을 얻으려고 분투하지 않는다. 대신에 그들은 일상적인 의식과 인간의 욕망을 소멸시킴으로써 유한한 자기의 경계선을 해체하려고 애쓴다. 인본주의와 불교가 아주 다른 철학임에도 불구하고 둘 다 거룩한 것은 단지 자기 진화(self-evolution)의 정점이라는 것에 동의한다.

종교적으로 헌신적인 어떤 개인들은, 비록 그들이 이단이 아닐지라도, 자기가 비합리적인 신성(godhood)을 얻을 수 있다는 개념을 발견한다. 기독교, 유대교, 이슬람교와 이원론적 힌두교는 신의 본질적인 타자성(otherness)을 강조하는 종교적 전통에 포함된다. 신은 단지 자기의 더 높은 상태(a higher state of self)라는 생각은 창조자와 창조물의 분리를 강조하는 신앙 단체들에게 저주와 같다. 힌두교의 한 분파의 생각은 신속하고 간결하게 이 견해를 요약한다.

> 신을 예배하는 사람은 그로부터 구별되게 서야 한다 …… 어머니와 아이는 둘이다. 그렇지 않다면 사랑은 어디에 있었는가? …… 둘이 하나라면 기쁨은 어디에 있는가? 그렇다면 신과 완전한 하나가 되기 위해 더 이상 기도하지 말라.[7]

범신론적 사색가들과 어떤 힌두교와 기독교 신비주의자들은 이원론적인 전통과 인간과 신 사이에 구별을 두지 않는 전통의 중간 지역을 걷는다. 그들은 신과 개인의 정체성이 아니라 연합을 강조한다. 예를 들면 비이원론적 힌두교에서 최고의 실재는 우주에 분산되어 있지만 각 개인 안에 여전히 현존한다. 신비주의적 힌두(Hindu)의 영적 목표는 그의 인격(personhood)을 모든 살아 있는 존재를 관통하는 브라마(Brahma), 초월자와 연합시키는 것이다. 요가의 라자(raja) 혹은 지나나(jnana)의 숙련을 통해 헌신하는 사람은 사마디(Samadhi)의 상태, 혹은 신과의 융합을 얻는다. 비슷하게 범신론은 자기가 모든 만물(the All)에 흡수되는 것을 강조한다.

이 간략한 요약은 신과 인간의 만남을 이해하기 위한 많은 가능성을 밝혀 준다. 종교적이고 영적인 경험들의 다양성은 실제로 한계가 없다. 개인들이 신과의 상호 만남을 어떻게 이해하는가에 관계없이, 성숙한 신앙은 초월적인 것

---

7) John Hoyland, trans., "Song by Tukaram," in *An Indian Peasant Mystic* (London: Allenson, 1932).

에 대한 그들의 반응이 그들의 생활을 변형시키는 방법 안에서 반영된다.

2. 도덕적 행동을 포함한 생활양식은 영적 가치들과 일치한다. 성숙한 신앙은 우리의 삶과 우리의 영적 가치를 조화시키려는 의식적인 노력을 포함한다. 이 노력은 지배적인 공동체의 표준들과 정직한 자기 검증에 민감할 것을 요구한다. 종교적 권위에 대한 의심할 수 없는 복종도, 지성인을 괴롭히는 이상들에 대한 간헐적인 충성도 건강한 영적 헌신을 구성하지는 못한다.

영적으로 성숙한 사람들에게 종교적이거나 영적인 신념은 그들의 도덕적 결정을 안내하고 그들의 삶의 경험을 통합하는 통일된 철학적 토대를 제공한다. 초월적 단계에 있는 사람들의 이상과 윤리는 그들의 생활양식과 내적 확신과 매우 조화를 이룬다.

3. 절대적 확실성이 없는 헌신은 영적 건강에 본질적이다. "성숙한 종교적 감정은 의심의 작업장에서 일상적으로 만들어진다"[8] 라는 고든 올포트(Gordon Allport)의 주장은 영적 확신은 그것을 비판적으로 검토함으로써 강화된다는 역설을 반영한다.

---

8) Gordon Alloprt, *The Individual and His Religion* (New York: Macmillian, 1950), 83.

절대성을 위한 요구는 여러 가지 방법에서 심리영적 성장을 방해한다. 첫째, 종교적 확실성은 많은 퇴행과 부정(denial)이 유지되기를 요구하는 환상(illusion)이다. 완전한 영적 이해는 우리를 모두 교묘하게 피한다. 모든 전통 안에 영적 지도자들의 역사적 기술들은 심지어 가장 깊이 깨달은 사람도 의심의 폭풍을 만난다는 사실을 증언한다. 진정으로 확실성을 가진 신앙은 이런 점에서 모순이다.

둘째, 확신의 환상은 우리의 영적 비전을 약화시키고 인간관계의 문제들을 초래하는 자기의 정당함과 도덕적 우월성의 태도에 기여한다. 셋째, 율법적으로 도덕적 올바름에 기초한 감각은 신자가 그/녀의 행동의 결과들에 대한 책임감을 포기하도록 한다. 더구나 윤리의 고정된 규칙에 대한 지나친 의존은 갈등을 일으키는 의무를 해결하는 능력을 긴장시킨다. 역으로 애매함을 참고 모든 합리적 대안을 탐구하는 용기는 도덕적 곤경에서 창조적 해결을 생산할 수 있다.

마지막으로 근소한 의심에도 스스로 마비된 사람들은 그들의 영적 토대가 위험한 "전부 혹은 전무"의 철학에 기초하기 때문에 신앙의 위기에 가장 민감하다. 비극적 혹은 우발적인 환경이 이 희박한 균형을 붕괴시키면 그들은 전적으로 신앙을 잃고 영적 진공 상태에 들어갈 수 있다.

어떤 종교적 집단이 의심 많은 사람을 신앙심이 없다고 비난할지라도, 신앙과 의심은 상호 배타적이지 않다. 영적 이념에 대한 헌신은 일시적으로 그리고 힘차게 견지될 수 있다. 매일 우리는 완전한 정보 혹은 지식 없이 중요한 결정을 한다. 예를 들면 의학적인 질병은 더 효과적인 치료가 발견되고 세련되어질 때까지 가능한 방법들을 가지고 치료된다. 이와 비슷하게 더 큰 진리와 이해를 구하면서도 지금 우리의 신앙이 우리를 인도할 수 있다.

개정에 대한 개방성과 책임 있는 헌신은 서로 반대되기보다는 오히려 서로를 보완한다. 확실치 않음 (tentativeness)이 광신주의와 종교중심주의(religiocentricity)를 극소화하는 반면에, 헌신은 훈련과 일치를 생기게 한다. 더욱이 강건한 헌신은 실존적 절망 혹은 냉소주의에 대한 좋은 예방약이다. 간디는 불확실성의 면전에서 확신을 느낄 수 있는 그의 타고난 재능을 감명적으로 설명했다.

> 나는 하나님을 단지 진리로서 숭배한다. 나는 지금까지 그를 발견하지 못했지만, 그러나 나는 그를 찾고 있다. .... 나는 오랫 동안 이 절대적 진리를 인식하지 못하는 만큼 나는 내가 생각하는 상대적 진리를 견지해야 한다. 그 동안에 상대적 진리가 나의 횃불, 나의 방패와 고리(buckler)이다.[9]

의심은 교만과 공존할 수 없다. 그러므로 건강한 회의주의는 겸손의 태도를 기른다. 기꺼이 상처받을 수 있고 교

---

9) Mahatma Gandhi, *Gandhi's Autobiography: The Story of My Experiments with Truth* (Washington, D.C.: Public Affairs Press, 1948), 5.

정을 위해 우리의 신앙을 개방하는 태도를 가진다면, 우리는 신앙의 검증들을 견딜 수 있는, 확고하지만 융통성이 있는 영적 가치관을 유지할 수 있다.

4. 영적으로 성숙한 사람은 영적인 다양성을 올바르게 평가한다. 성숙한 신앙에 관한 이 기준들은 논리적으로 이전의 것을 따른다. "어느 인간도 그에게 그의 동료를 비판하거나 저주하도록 허용하는 하나님의 지식을 가지고 있다거나 혹은 하나님에 대한 그의 생각이 올바른 것이라고 주장하는 것을 가정할 수 없다"라고 프롬은 우리에게 상기시킨다.[10]

제5단계의 개인들은 다른 신념들로부터 그들을 고립시키면서, 그리고 하나님에 관한 그들 자신의 규정의 확신을 주장하면서 종교적 다양성을 단지 관용하지는 않는다. 영적 발달의 정점에 있는 사람들은 모든 신앙의 사람들로부터 나오는 생각을 비판적으로 검토함으로써, 그리고 창조적으로 그 생각을 소화함으로써 그들의 진리의 비전을 확장한다.

나는 최근에 대학 상담 센터에서 심리영적 집단을 인도했다. 집단은 종교적이고 영적인 관심을 가진 학생들을 위해 만들어졌다. 집단의 목적은 영적으로 다양한 치료적 상황에서 그들의 관심을 공유할 수 있는 기회를 참여자들에게 제공함으로써, 그들이 영적으로 성장하도록 돕는 것

---

10) Fromm, *Psychoanalysis and Religion*, 113.

이다.

　이 집단에 참여했던 학생들 중에 한 사람이었던 젊은 유대인 여성은 다른 신앙의 특징들을 함께 꾸며냄으로써 개인적 종교를 규정하려는 것을 유보했다. 다른 종교적 신앙으로부터 영적 융단(spiritual tapestry)을 창조함에 있어서 사람들은 편리하거나 지적으로 감질나게 하는 생각들을 흡수하는 반면에, 노력이나 훈련을 요구하는 실천들을 거절하려는 유혹을 받을 수 있다고 그녀는 주장했다. 그녀의 기독교의 매혹은 크리스천 남자와 그녀의 낭만적인 관계를 통해 처음에 일어났지만, 그러나 그 관계가 끝난 후에도 그것은 유지되었다. 이 여성은 그녀의 유대교적 유산의 경계선을 확장하기를 바라고 있었을지라도, 본래의 종교적 정체성을 포기하기를 원하지 않았다. 그녀는 유대교의 신앙에 대한 그녀의 충성을 보완할 수 있지만, 그러나 타협하지 않는 기독교 이상들을 흡수하려고 노력했다.

　이 학생의 관심은 더 반성의 가치를 가진다. 매우 다른 종교적 철학들을 통합하려고 시도하는 것은 쉬운 과업이 아니다. 더구나 영적 절충주의(eclecticism)가 필연적으로 더 큰 성숙을 암시하지 않는다. 다른 종교적 세계관들에 대한 열린 자세가 성숙한 신앙의 표지일 수 있는 반면에, 그것은 또한 훈련과 헌신을 피하거나 혹은 건강하지 못한 생활양식을 정당화하기 위해 사용될 수 있다. 이런 종류의 외재적인 영적 절충주의는 심리영적으로 미성숙한 것이다. 그러나 우리의 영적 발달과 하나님과의 관계를 진전시키는 이상들을 선택적으로 흡수함으로써 우리의 신앙을 높일 수 있다.

5. 성숙한 신앙은 자아중심주의, 마술적 사고와 신인 동형동성설을 없애 버린다. 이전의 장들 속에서 이 기준에 관해 많은 것이 이야기되었다. 영적 발달의 덜 성숙한 단계들에서 종교적 가담은 깨어진 영을 위로하거나 혹은 신경증적 두려움을 진정시키기 위해 사용된다. 덜 진보된 종교적 능력을 가진 사람들의 하나님에 대한 이미지는 심하게 파편화되어 있거나 혹은 초기의 대상 표상들과 융합되어 있다.

다른 한편으로 영적으로 성숙한 사람은 더 높은 힘에 대한 그들의 헌신을 통해 자기를 초월한다. 그들의 하나님 이미지는 이 해방이 인간적으로 가능할 정도에 이르기까지 어린 시절의 동일시와 투사의 속박에서 자유롭게 된다. 인간의 비전의 한계에 의해 아무리 억눌려 있을지라도, 이 특이한 개인들은 하나님의 나라를 얼핏 볼 수 있는 특권을 가지고 있다.

6. 이성과 정서는 성숙한 영적 가치관에 둘 다 본질적이다. 인간 존재에 대한 명상은 죽음의 불가피성, 비극의 목적과 고통, 그리고 선과 악의 문제와 같은 골치 아프고 철학적으로 복잡한 딜레마들(dilemmas)을 가져 온다. 인간의 곤경에 대한 낭만적 비전을 기르는 종교적 집단들은 진정한 역경을

업신여기고 그들의 고통에 대해 희생자들을 비난한다. 성숙한 신앙에 이르는 길을 여행하는 사람들은 쉬운 해답을 기대함이 없이 심오한 실존적인 질문을 묻는 용기를 가진다.

영적으로 미성숙한 사람은 맹목적인 믿음을 통해 위로와 안전을, 혹은 종교적 권위에 대한 의심 없는 충성을 구한다. 그러나 실존적 궁지를 단순한 신앙 형식으로 축소시키는 신앙은 종교적으로 순진한 사람들에게 일시적인 영적 마취제보다 더한 것을 제공하지 못한다. 근본주의자들의 집단이 종교는 정서적으로 미성숙한 사람들에게 버팀목으로서 기능한다는 비난에 분개한다는 사실에도 불구하고, 그들은 영적 가치들의 내재화와 통합을 초래하는 창조적 질문하기와 지적인 탐구를 좌절시킴으로써 미성숙한 형태들의 종교성을 증진시킨다. 이 종교적 공동체 안에서 흔히 있는 비판적 사고하기와 논리적 추론하기를 연기하는 것은 광신주의와 편협한 마음의 원인이 된다.

영성에 대한 신비적 접근들은 또한 복잡한 문제들을 피하기 위해서가 아니라, 거룩한 것은 비합리적 경험들과 극단적인 정서적 상태들을 통해 접근할 수 있기 때문에 지적인 차원을 강조하지 않는다. 신비주의자에게 거룩한 분과의 만남은 지적인 묵상을 통해서라기보다는 고양된 감정과 의식의 변환된 상태를 통해 얻어진다. 그러나 영적 통찰력의 진실성이 감정의 강도에 의해 판단될 때, 자신의 종교적 생활은 정서적 흥분을 위한 탐구가 될 것이다. 마음을 전환시키는 약물, 자학적인 금욕적 실천 혹은 병적인 내적 성찰을 통해 더 영적인 것을 느끼려는 시도들은 순수한 영적 탐구라기보다는 정서적 높이에 자기중심적인 몰입을 하는 것과 같다.

다른 한편으로 단지 인간 이성은 우리의 영적 감수성들을 끌어들이는 데 불충분하다. 하나님에 대한 헌신의 감정은 이성적 철학적인 토대만큼 건강한 영적 생활에 본질적이다. 존경의 정서와 인간적인 동정심을 불러일으키는 종교적 공동체들은 배타적으로 지적인 사람들에게 호소하는 것보다 헌신과 건강한 생활을 고취하는 것 같다. "논리가 납득시키기 전에 정서가 납득시킨다"라는 제임스의 격언은 뿌리를 내리기 위해 신앙은 먼저 가슴을 사로잡아야 한다는 것을 암시한다.

7. 건강한 영적 생활은 다른 사람들을 위한 성숙한 관심을 기울이는 특징을 가지고 있다. 프롬은 성숙한 신앙의 가장 중요한 특징은 한결같은 책임감과 다른 사람들을 위한 깊은 동정심이라고 제안했다.[11] 그는 성숙한 종교적 탐구는 인간적 계몽을 위한 탐구가 아니라 인류의 증진에 공헌하기 위한 분투라는 것을 굳게 믿었다. 영적 생활의 목표는 "네 이웃을 네 몸과 같이 사랑하라"는 예수의 명령 안에 기술되어 있다.

---

11) Ibid.

권위주의적 종교들이 개인의 자존감을 저해하는 자기 소멸적인 태도를 증진시키는 것에 죄책감을 느낀다면, 어떤 인본주의적 전통들은 개인들을 자기도취적 극단에 이르기까지 고양시킨다. 비슷하게 신비주의자의 신앙은, 만약 그것이 의식의 강렬한 전환된 상태들에 주로 초점을 둔다면, 영적 높이를 위한 자기중심적 검색을 격려할 수 있다. 신학자 캐니스 리치(Kenneth Leech)는 "거의 모든 전통 안에 영적 생활의 위대한 선생들은 영적인 자아의 실족(ego-trip)의 위험들, 인간 공동체를 무시하는 깨달음을 위한 검색의 위험들을 경고하는 사람이다"라고 우리에게 상기시킨다.[12]

영적으로 성숙한 사람은 공동체의 가담과 보편적 이상들에 대한 비이기적 헌신을 통해 신실한 삶의 "열매를 맺는다." 그와 같은 사람들은 부정의에 저항하여 담대하게 말하고 변형된 세계에 대한 그들의 비전을 향하여 꾸준히 일한다. 모든 신앙의 사람들에 대한 그들의 궁극적인 존경은 존재의 영역(commonwealth of being)을 강조하는 그들의 특이한 능력에서 유래된 것이다.

8. 성숙한 신앙은 관용, 인간 성장과 삶의 축하를 지지한다. 영적 발달의 정점에 있는 사람들은 완전한 사람들이 아니고 그들의 개인적 취약성과 약점을 날카롭게 인식하고 있

---

12) Kenneth Leech, *Soul Friend: The Practice of Christian Spirituality* (London: Sheldon Press, 1977), 38.

는 사람들이다. 그들은 잘못한 행동에 대한 책임을 수용하고 가능할 때마다 보상할 수 있을 정도로 겸손하다. 동시에 영적 비전을 가진 사람들은 완벽함을 고집하지 않고 그들의 실패와 부채에 대해 그들과 다른 사람들을 용서할 수 있다. 성숙한 신앙은 자기 수용적이면서도 또한 자기 진보적이다.

성숙한 영적 탐구는 인격을 방수실들(watertight compartments)처럼 갑갑하게 죄어들지 않는다. 초자아 종교(superego religion)보다도 뛰어난 진보는 인간됨(personhood)의 모든 특성을 통합되고 통일된 전체로 조직하도록 개인을 안내한다. 자기됨(selfhood)의 이 축하는 모든 충동과 욕망을 무분별하게 탐닉해야 한다는 것을 의미하지 않는다. 영적 열정을 가진 사람들은 생명을 높이고 그들의 가치와 조화를 이루는 방법으로 정상적인 인간적 필요들과 욕망들을 표현하도록 돕는 강한 도덕적 소질을 가진다. 제5단계에서 자발성과 쾌락추구는 자기훈련과 적당한 억제와 함께 공존한다. 지나친 탐닉도, 극단적인 자기부정도 모두 성숙한 신앙의 특징이 아니다.

9. 성숙한 영적 가치관은 악과 고통의 실재를 인정한다. 제임스는 "건강한 마음의"(healthy minded) 종교와 "병든 영혼"(sick soul)의 종교적 가치관을 구별했다.[13] 이 명칭들은 병든 영혼의 가치관이 어떤 측면에서 건강한 마음의 순진한

---
13) James, Varieties.

낙천주의보다는 정서적으로 더 건강하다는 점에서 기만적이다. 크리스천 사이언스(Christian Science)와 긍정적 사고의 사이비 종교들(cults)에서처럼 극단적인 형태에서 건강한 마음의 신앙은 부정의 체계(a system of denial)이다. 마치 악이 존재하지 않고 모든 문제가 정신주의(mentalism)를 통해 극복될 수 있는 것처럼 행동함으로써 이 집단들은 인간의 전능성의 종교를 증진시킨다. 개인들이 조금도 혹은 전혀 통제력을 가지고 있지 않은 환경이 있다고 인정하는 것을 몹시 싫어하기 때문에, 마음의 치유(mind-cure) 혹은 긍정적 사고를 신봉하는 제자들은 무심결에 고결한 사람들이 당하는 고통에 대해 그들을 비난한다.

악이 존재하지 않는다고 우리 스스로를 설득하는 다른 방법은 모든 고통은 좋은 이유 때문에 발생한다고 믿는 것이다. 이 "건강한 마음의" 철학의 지지자들은 병든 사람들과 슬퍼하는 사람들에게 그들의 고뇌는 어떤 궁극적인 선에 기여하는 것이라고 애써 확신시키려고 한다. 이 주장은 어떤 사람들은 그들의 고통에 대한 목적을 발견함으로써 부조리한 학대에서 생존했다는 점에서 진리의 핵심을 가지고 있다. 그럼에도 불구하고 모든 개인적인 불행이 어떤 보편적인 선에 봉사하고 있다고 가정하는 것은 우리의 정의감과 공평함을 비웃는다. 폭력적인 행동과 무의미한 비극은 결코 위장된 축복이 아니다.

악과 폭력은 긍정적인 사고를 통해 마술적으로 지울

수 없는 사회적 실재들이다. 그러나 가끔 겸손한 수용의 태도는 무기력과 절망의 감정에 대한 최선의 무기이다. 신앙의 기적은 기이한 비탄을 견디는 우리의 능력의 한계들을 인정함으로써 우리가 우리 밖의 원천에서 예기치 않았던 용기와 인내를 발견한다는 것이다.[14]

"병든 영혼"의 종교적 우울증은 건강한 마음의 과장된 낙천주의에 정반대 쪽에 서 있다. 인간 운명의 불확실성에 맞추어 병적인 마음을 가진 사람들은 실존적인 불안과 슬픔에 의해 고문을 당한다. 삶의 잔인성과 역경을 느끼는 극단적인 감수성이 가치 없는 냉소주의와 기쁨 없는 실존을 초래할지라도, 병든 영혼을 특징짓는 악의 의식(consciousness)은, 만약 그것이 즐거움을 경험할 수 있는 능력에 의해 균형을 맞춘다면, 건강한 마음의 지나친 낙천가의 비전(Pollyanna vision)보다는 심리적으로 더 건강하다.

삶을 긍정하는 영적 철학은 악, 비극과 고통의 실재를 부정함이 없이 낙천적 가치관을 고취시킨다. 영적으로 성숙한 사람은 죽음과 불행이 인간 경험의 불가피한 부분이라는 것을 인식하면서, 그들이 하나님이라고 부르는 본질적인 선과 무한한 힘에 의해 권능을 부여받는다고 느낀다.

---

14) 독자는 이 문제들의 더 깊이 있는 토론을 위해서 다음을 읽어보라: Viktor Frankl, *Man's Search for Meaning* (New York: Simon & Schuster, 1963); and Harold Kushner, *When Bad Things Happen to Good People* (New York: Avon Books, 1981).

10. 성숙한 신앙은 포괄적인 의미와 목적을 제공한다. 우리 각 사람은 우리의 존재를 위한 삶의 목적과 의미를 발견하려고 애쓴다. 더 높은 의식에 동조하는 사람들에게 신앙은 그들의 삶의 에너지를 하나님께 안내하고, 그들을 하나님께 연관시키고, 그들을 보편적인 이상을 향해 나아가도록 하는 포괄적인 의미를 제공한다.

신앙에 인간의 생활을 변형시키는 활력과 힘을 주는 것은 더 큰 목적에 참여하기 위해 부름을 받았다는 이 강요된 의식이다. 더 높은 의미를 성취하려는 노력을 고취시킴으로써 신앙은 우리를 하나의 인간 공동체로 결속시키고, 우리를 지상에서 하나님의 일을 수행하는 동역자들(co-workers)이 되게 만든다.

11. 성숙한 신앙은 전통적인 신념뿐만 아니라 사적인 해석을 위한 충분한 여지를 남긴다. 신앙은 종교적 준수를 통해 양성되고 활력을 찾을 수 있다. 그러나 교리가 영적 사역에 중심적일 때 그것은 자신의 신앙의 본질(essence)이 아닌, 토대(foundation)를 제공한다. 종교적 전통에 헌신하는 영적으로 성숙한 사람은 그들의 영적 이해를 보완하고, 확장하거나 혹은 개정할 수 있는 새로운 생각들을 통합하도록 허용하는 일시성과 개방성을 가진 그들의 신념에 동의한다.

"개인의 사적인 기능"으로서의 종교와 "제도적 산물"로서의 종교 사이를 구별하고, 형식적인 종교를 개인적 계시의 열등한 것으로 믿었던 제임스는 그의 논문을 직접적인 종교적 경험에 한정했다. 그는 "교회적 혹은 신학적 복잡화"가 "개인들이 그들과 그들이 관련되어 있다고 느끼는 더 높은 힘 사이의 교제에서 비롯된 의식"인 영적 생활의 핵심을 오염시킨다고 믿었다.[15] 다른 사람들은 "종교는 신앙과 함께 시작해야 하고 신앙은 내부로부터 시작해야 하기 때문에 개인적 종교는 제도적 종교보다 더 우월하다"는 개념을 지지해왔다.[16]

종교주의자들과 이 견해를 반대하는 종교적 지지자들은 신앙은 거룩한 계시에 뿌리를 두고 있다고 주장한다. 개인적 경험으로부터 규정된 영적 세계관 혹은 다른 전통에서 비롯된 생각들은, 특별한 전통의 종교적 경전들과 교리들이 주권적인 하나님의 의지를 선포하다고 믿는 사람들에게 혐오스럽다. 그러나 가장 근본주의적인 종교적 집단들조차도 제임스가 "세속적인 교체들"(secular alterations)이라고 부르는 것에 압도당한다.

예를 들면 여성주의 운동이 일어난 이후로 여성들은 그들의 종교적 공동체 안에서 종속적인 역할에 더 이상 억제되지 않는다. 나는 교회들이 이혼한 회원들을 추방했던 때를 기억할 수 있다. 오늘날 대부분의 종교적 집단은 이혼한 사람과 재혼한 사람을 그들의 회원으로 수용할 뿐만 아

---

15) James, Varieties, 465.
16) George Anderson, *Your Religion: Neurotic or Healthy ?* (Garden City, N.Y.: Doubleday, 1970), 181.

니라 두 번째 결혼에 들어가는 회원들을 위한 결혼예식을 행한다.

이런 실례들은 종교적 규약들이, 적어도 부분적으로, 널리 퍼진 문화적 규범들에 의해 형성된다는 것을 가리킨다. 변화들이 서구 세계의 사회적 구조 안에서 일어나면서 종교적 교리들은 시대의 사고와 분위기에 맞게 수정된다. 그와 같은 수정과 재규정은 어떤 특별한 시대에 어떤 종교적 집단도 하나님의 목적의 유일한 해석자라고 주장할 수 없다는 것을 암시한다. 모든 종교적 전통 안에서 진보적인 회중은 해석의 어떤 융통성을 허락한다.

절대적으로 확실한 지식을 소유하고 있다고 속이는 종교적 집단들과 교단들은 우리 세대의 영적 발달을 왜곡한다. 창조적 사고와 비판적 탐구에서부터 흘러나오는 거룩한 것(the sacred)의 이상주의(idealism)와 발견은 확신의 환상을 위해 희생된다. 형식적인 예배와 의례는 의미 있는 경험을 위한 대용물이 된다. 개인들이 종교적 제도의 집합적인 마음에 흡수될 때, 그들의 내적인 생활은 깊이가 없고 생기가 없어진다.

어떤 종교적 집단들이 엘리트주의와 옹졸한 마음(intolerance)을 증진시킨다는 것을 인정하면서도, 우리는 모든 전통적 종교에 대해 냉소적이 되지 않도록 조심을 다해야 한다. 모든 종교적 전통은 억압적이면서도 또한 진보적인 부분들에 의해 표현된다. 우리의 종교적 제도들의 오류에도 불구하고 종교적 정체성을 가지고 종교적 공동체에 소속하는 것에는 뚜렷한 이점들이 있다. 부가해서 사적인 영성에 대해 편견을 가진 우리들은 세련되지 못한 개인주의의 불리한 입장들을 간과할 수 있다.

가슴의 확신에서 형성된 신앙과 다양한 전통에서 비롯된 생각들이 신선하고 활기가 넘치고 적절하다는 것은 사실이다. 그 최고의 경지에서 사적인 종교는 인간의 영을 변형시키고 진실한 거룩함을 고취시킨다. 그것은 다양한 영적 길들(paths)이 보편적인 메시지를 내포하고 있다는 보는 사람들 안에서 번창한다. 보다 덜 발달된 영적 감수성을 가진 사람들에게서 사적인 종교는 헌신의 두려움 혹은 강박적인 자기 의존에 의해 동기가 부여될 수 있다. 교리의 압정을 벗어나려는 그들의 결심 안에서 강박적인 개인주의자들은 신자들의 공동체 가운데 발전하는 영적인 연대책임을 희생한다. 어떤 것에 헌신하는 것을 꺼리기 때문에, 그들은 또한 영적이고 도덕적인 지도를 제공하는 삶의 통합된 철학을 정립하는 데 실패한다.

영적 성장은 인간간의 공유와 신뢰를 통한 인간관계 안에서 양성된다. 신앙공동체는 하나님에게 그들의 헌신과 충성을 표현하고 상징화하는 데 함께 참여하도록 그 회원들을 초대한다. 우리의 가장 의미심장한 영적 경험들은 다른 사람들과 공유될 때 가장 위대한 영향력을 가진다.

고든 올포트는 우리의 신앙의 성숙은 우리가 무엇을

믿는가가 아닌, 우리가 어떻게 믿는가의 토대 위에서 판단되고, 그리고 본래적으로 헌신적인 사람들은 전통적으로 종교적인 사람들뿐만 아니라, 더 고독한 길을 선택한 사람들 가운데서 나타날 수 있다고 믿었다.[17] 성숙한 신앙은 전통적 신념과 사적인 경험 모두를 위해 충분한 여지를 남긴다. 특별한 신학에 의해 고취된 우리들은 신앙을 객관화하고 교리를 내세우려는 유혹에 저항하기 위해, 우리의 내적인 영적 음성들을 들을 수 있는 감수성을 배양해야 한다. 반대로 고독한 길을 선택한 우리들은 전통적인 종교적 신앙의 회원들과의 개방된 대화를 통해 우리의 영적 경계선들을 확장해야 하는 의무가 있다.

---

17) Gordon Allport, "Behavioral Science, Religion, and Mental Health," *Journal of Religion and Health* 2 (1963): 187-197.

에필로그

에필로그

　이 책에서 작용하고 있는 가정(assumption)은 영적으로 헌신적인 개인들의 신앙은 그들의 개인적인 과거의 일들에 의해 심하게 영향을 받는다는 것이다. 신성한 것(the sacred)이 전적으로 타자로 느껴지든 혹은 자기 안에 숨어 있는 것으로 느껴지든, 인간과 하나님(Divine)의 개인적 만남의 경험은 그/녀의 심리적 구조에 의해 형성된다. 그러므로 영적 삶의 결함들을 치유하기를 소원하는 치료사들과 상담자들은 곤란을 겪는 사람들이 그들의 정서적 상처와 좌절을 치유하도록 도와야 한다. 나는 이 어려운 과업을 가진 전문적인 상담자들을 돕기 위해 신앙의 단계 모델을 제공했다.

　신앙 혹은 종교적 경험의 다른 발달적 유형론들(typologies)을 획득하는 것이 나의 의도는 아니다. 각 단계는 개인들이 사람의 일생을 통해 실존의 궁극적인 조건들을 어떻게 직면하는가에 대한 독특한 관점을 제공한다. 나의 목표는 우리의 형성된(formative) 관계들이 우리가 하나님이라고 부르는 창조적 생명력(creative life force)에 반응하는 방법들에 어떻게 기여하는가에 대해 주의를 불러일으키는 것이다.

신앙의 심리학은 본질적으로 불가사의한 것에 대한 희미한 불빛의 통찰력을 제공한다. 아무리 발달적 사건들과 치료적 개입들에 의해 영향을 받았을지라도, 개인의 신성한 것(the sacred)에 대한 관계가 전적으로 심리학적으로 결정된다고 가정하는 것은 비상식적일 것이다. 가장 높은 형태의 고결함과 거룩함이 헤아릴 수 없는 학대와 역경을 겪었던 사람들 안에서 번영했던 사실을 통해, 우리는 우리의 이론들과 학설들의 한계를 인정하지 않을 수 없다. 인간의 영(spirit) 안에서 이루어지는 하나님의 은혜의 역사(working)는 심리적 분석을 벗어난다. 그것이 신앙의 기적이다.

참고문헌

참고문헌

Allport, Gordon. *The Individual and His Religion*. New York: Macmillan, 1950.
———. "Behavioral Science, Religion, and Mental Health." *Journal of Religion and Health* 2 (1963): 187-197.
Allport, Gordon, and J. Michael Ross. "Personal Religious Orientation and Prejudice." *Journal of Personality and Social Psychology* 5 (1967): 432-443.
Anderson, George. *Your Religion: Neurotic or Healthy?* Garden City, N.Y.: Doubleday, 1970.
Batson, C. Daniel, and W. Larry Ventis. *The Religious Experience: A Social-Psychological Perspective*. New York: Oxford University Press, 1982.
Benson, Herbert. *Beyond the Relaxation Response*. New York: Berkley Books, 1985.
Blanck, Gertrude, and Rubin Blanck. *Ego Psychology: Theory and Practice*. New York: Columbia University Press, 1974.
Bradford, David. "A Therapy of Religious Imagery for Paranoid Schizophrenic Psychosis." In *Psychotherapy of the Religious Patient*, ed. M. Spero, 154-180. Springfield, Il.: Charles C. Thomas, 1985.
Clark, Walter Houston. *The Psychology of Religion*. New York: Macmillan, 1958.
Corey, Gerald. *The Theory and Practice of Group Counseling*. Monterey, Calif.: Brooks/Cole, 1985.
Donahue, Michael. "Intrinsic and Extrinsic Religiousness: Review and Meta-Analysis." *Journal of Personality and Social Psychology* 48 (1985): 400-419.

Ellis, Albert. "Psychotherapy and Atheistic Values: A Response to A.E. Bergin's 'Psychotherapy and Religious Values.' " *Journal of Consulting and Clinical Psychology* 48 (1980): 635-639.

Emmons, Michael, and Rev. David Richardson. *The Assertive Christian*. Minneapolis, Minn.: Winston Press, 1981.

Finn, Mark, and John Gartner, eds. *Object Relations Theory and Religion*. Westport, Conn.: Praeger, 1992.

Fowler, James. *Stages of Faith: The Psychology of Human Development and the Quest for Meaning*. San Francisco: Harper & Row, 1981.

Frankl, Viktor. *Man's Search for Meaning*. New York: Simon & Schuster, 1963.

Freud, Sigmund. *The Future of an Illusion*. New York: Doubleday, 1927.

Fromm, Erich. *Psychoanalysis and Religion*. New Haven, Conn.: Yale University Press, 1950.

Gandhi, Mahatma. *Gandhi's Autobiography: The Story of My Experiments with Truth*. Washington, D.C.: Public Affairs Press, 1948.

Genia, Vicky. "Religious Development: Synthesis and Reformulation." *Journal of Religion and Health* 29 (1990): 85-99.

———. "Interreligious Encounter Group: A Psychospiritual Experience for Faith Development." *Counseling and Values* 35 (1990): 39-51.

———. "Psychospiritual Group Counseling for College Students." *Journal for College Student Development* 31 (1990): 279-280.

———. "Religious Imagery of a Schizotypal Patient." *Journal of Religion and Health* 31 (1992): 317-326.

———. "Transitional Faith: A Developmental Step Toward Religious Maturity." *Counseling and Values* 37 (1992): 15-24.

Gilligan, Carol. *In a Different Voice*. Cambridge: Harvard University Press, 1982.

Goodman-Malamuth, Leslie, and Robin Margolis. *Between Two Worlds: Choices for Grown Children of Jewish-Christian Parents*. New York: Pocket Books, 1992.

Hadaway, C. Kirk. "Identifying American Apostates: A Cluster Analysis." *Journal for the Scientific Study of Religion* 28 (1989): 201-215.

Hoyland, John, trans. "Song by Tukaram." In *An Indian Peasant Mystic*. London: Allenson, 1932.

James, William. *The Varieties of Religious Experience*. New York: Penguin Books, 1985.

Jones, James. *Contemporary Psychoanalysis and Religion*. New Haven, Conn.: Yale University Press, 1991.

———. "Living on the Boundary Between Psychology and Religion." *Psychology of Religion Newsletter, American Psychological Association Division 36* 18 (1993): 1-7.

Jung, Carl. *Psychology and Religion*. New Haven, Conn.: Yale University Press, 1938.
Kernberg, Otto. *Borderline Conditions and Pathological Narcissism*. New York: Jason Aronson, 1985.
Klieger, James. "Emerging from the 'Dark Night of the Soul': Healing the False Self in a Narcissistically Vulnerable Minister." *Psychoanalytic Psychology* 7 (1990): 211-224.
Kohlberg, Lawrence. *The Psychology of Moral Development*. San Francisco: Harper & Row, 1984.
Kunkel, Fritz. *Let's Be Normal*. New York: Ives Washburn, 1929.
Kushner, Harold. *When Bad Things Happen to Good People*. New York: Avon Books, 1981.
Lande, Nathaniel, and Afton Slade. *Stages: Understanding How You Make Your Moral Decisions*. San Francisco: Harper & Row, 1979.
Leech, Kenneth. *Soul Friend: The Practice of Christian Spirituality*. London: Sheldon Press, 1977.
Lovinger, Robert. *Working with Religious Issues in Therapy*. New York: Jason Aronson, 1984.
———. "Religious Imagery in the Psychotherapy of a Borderline Patient." In *Psychotherapy of the Religious Patient*, ed. M. Spero, 181-207. Springfield, Il.: Charles C. Thomas, 1985.
Mahler, Margaret, Fred Pine and Anni Bergman. *The Psychological Birth of the Human Infant*. New York: Basic Books, 1975.
Rizutto, Ana-Maria. *The Birth of the Living God*. Chicago: University of Chicago Press, 1979.
Schumaker, John, ed. *Religion and Mental Health*. New York: Oxford University Press, 1992.
Spero, Moshe, ed. *Psychotherapy of the Religious Patient*. Springfield, Il.: Charles C. Thomas, 1985.
Starbuck, Edwin. *The Psychology of Religion*. New York: Scribner, 1899.
Tan, Siang-Yang. "Explicit Integration in Psychotherapy." Paper presented at the International Congress on Christian Counseling, Counseling and Spirituality Track, Atlanta, November 1988.
Tillich, Paul. *The Dynamics of Faith*. New York: Harper & Row, 1957.
Watson, P.J., Robin Howard, Ralph Hood and Ronald Morris. "Age and Religious Orientation." *Review of Religious Research* 29 (1988): 271-280.
Wulff, David. *Psychology of Religion: Classic and Contemporary Views*. New York: Wiley, 1991.
Yalom, Irvin. *The Theory and Practice of Group Psychotherapy*. New York: Basic Books, 1975.

영적 발달과 심리치료

copyright ⓒ 대서출판사 2010

초판 2쇄 발행 2012년 8월 30일

지은이 　비키 제니아
옮긴이 　김병오
펴낸이 　장대윤

펴낸곳 　도서출판 대서
등　록 　제22-2411호
주　소 　서울시 서초구 방배동 981-56
전　화 　02-583-0612 / 팩스 02-583-0543
메　일 　daiseo1216@hanmail.net

디자인 　참디자인(02-3216-1085)

ISBN 978-89-92619-34-9 　03230

책값은 뒷표지에 있습니다.
잘못된 책은 교환하여 드립니다.